Annette Weinert

Programmieren mit Ada und C

Annette Weinert

Programmieren mit

Ada und C

Eine beispielorientierte Gegenüberstellung

Die Deutsche Bibliothek – CIP-Einheitsaufnahme

Weinert, Annette:
Programmieren mit Ada und C: eine beispiel-
orientierte Gegenüberstellung / Annette Weinert. –
Braunschweig; Wiesbaden: Vieweg, 1992
    ISBN 978-3-528-05240-9   ISBN 978-3-322-87797-0 (eBook)
    DOI 10.1007/978-3-322-87797-0

Umschlagsgestaltung: Schrimpf & Partner, Wiesbaden

Gedruckt auf säurefreiem Papier

ISBN 978-3-528-05240-9

Vorwort

Das vorliegende Buch wendet sich an Entwickler großer Software-Systeme und will bei Fragen der Auswahl zu benutzender Programmiersprachen helfen. Dies trifft auch für solche Fälle zu, wo zum ersten Mal die Entscheidung für eine höhere Programmiersprache zu fällen ist. Kenntnisse über Grundkonzepte einer blockorientierten, imperativen Programmiersprache mußten jedoch bei der Darstellung vorausgesetzt werden.

Das Ziel des Buches ist es, Unterschiede zweier in ihren Grundkonzepten verwandter Programmiersprachen, nämlich der Sprachen C und **Ada**, aufzuzeigen. Ein solcher Vergleich gewinnt in mehrfacher Hinsicht an Aktualität.

- Die Begeisterung für C nimmt ab, weil die Sprache nicht alle in eine höhere Programmiersprache gesetzten Erwartungen in bezug auf moderne Softwaretechniken erfüllt.

- **Ada** ist eine neuere Sprache, die gerade im Hinblick auf die Unterstützung moderner Softwaretechniken entworfen worden ist.

- Am Markt stehen unterdessen Ada-Programmierumgebungen für Personalcomputer zur Verfügung, deren Preise mit denen entsprechender Systeme für C vergleichbar sind.

- Neben dem Verteidigungsbereich, in dem die Verwendung von **Ada** vorgeschrieben ist, haben sich in jüngster Zeit Großprojekte und Organisationen, wie die europäische Raumstation Columbus und die amerikanische Raumfahrtbehörde NASA, für **Ada** als Entwicklungssprache entschieden.

Neben dem Sprachvergleich soll das Buch jedoch auch als einführende Übersicht beider Sprachen dienen, die insbesondere Programmierern, die eine der beiden Sprachen kennen, den Einstieg in die jeweils andere erleichtert. Das Buch ist so aufgebaut, daß es auch als Nachschlagewerk genutzt werden kann.

Ich danke allen, die an der Entstehung dieses Buches beteiligt waren. Herr
Dr. Georg Winterstein gab den Anstoß, mich mit diesem Thema zu beschäf-
tigen. Herr Dr. Jean Ichbiah hat eine frühere Fassung dieser Arbeit gelesen
und durch seine Anregungen viel zu deren Verbesserung beigetragen. Meine
Kollegen bei der Firma Alsys GmbH gaben mir durch ihre großen Erfahrungen im Programmieren und mit der Sprache **Ada** Rückhalt. Besonderer
Dank gilt meinen Kollegen Frau Dr. Diana Schmidt und Herrn Wolfgang
Herzog sowie Herrn Dr. Reinald Klockenbusch, dem betreuenden Lektor
des Vieweg-Verlages, die das Manuskript kritisch gelesen haben. Herr Dr.
Peter Dencker hat mich bei meiner Arbeit immer wieder ermutigt, und so
dieses Buch erst möglich gemacht. Nicht zuletzt möchte ich meiner Familie
für ihr Verständnis und ihre Unterstützung danken.

Karlsruhe, im Februar 1992   Annette Weinert

Inhalt

1 Einleitung

Software-Systeme werden immer anspruchsvoller und komplexer. Gleichzeitig steigen auch die Anforderungen bezüglich ihrer Zuverlässigkeit und Wartbarkeit. Die Wahl der für das zu erstellende Software-System geeigneten Programmiersprache kann einen großen Einfluß auf die Erstellungskosten und die Qualität des Produktes haben. Ziel dieser Arbeit ist es, durch den Vergleich der Sprache **C** ([KR78]) mit einer neueren höheren Programmiersprache – **Ada** ([Ada83]) – Fakten zur Auswahl der Sprache bereitzustellen.

Die Programmiersprache **C** ist insbesondere auf Rechnern mit dem Betriebssystem UNIX weit verbreitet. Auf Grund dieser Verbreitung wird **C** oft für Projekte eingesetzt, für die diese Sprache weder gedacht noch besonders geeignet ist. Daher hat es schon häufig harte und zum Teil ungerechte Kritik an der Sprache **C** gegeben. Dabei heißt es meist, **C** sei zu kryptisch und ermögliche keine strukturierte Programmierung.

Zur Beurteilung solcher Kritik und Bestimmung des Anwendungsbereiches muß man **C** mit anderen universellen, blockorientierten, imperativen, höheren Programmiersprachen vergleichen. Die Sprache **Ada** wurde im Auftrag des amerikanischen Verteidigungsministeriums mit dem Ziel entwickelt, die Software-Kosten kontrollierbarer zu machen. **Ada** soll gerade strukturierte Programmierung unterstützen und eignet sich daher gut als Vergleichsbasis.

Diese Gegenüberstellung der Sprachen **Ada** und **C** wendet sich vornehmlich an Entwickler großer Software-Systeme. Nahezu der gesamte Sprachumfang beider Sprachen wird daher – unterstützt durch zahlreiche Beispiele – vorgestellt. Das Buch soll zum einen Informationen für die Auswahl einer in einem Projekt einzusetzenden Sprache bereitstellen, zum anderen einem Entwickler, der eine der beiden Sprachen kennt, einen schnellen Einstieg in die jeweils andere Sprache ermöglichen. Es ersetzt jedoch nicht einführende Darstellungen in diese Sprachen. Hierfür verweisen wir für die Sprache **C** auf [KR78b] und für **Ada** auf [Bar89], [HaSt90] und [Sch92] sowie auf [Na91], das besonderes Augenmerk auf die Sprachkonstrukte von Ada zur „Programmierung im Großen" legt. Kenntnisse einer blockorientierten, imperativen Programmiersprache sind bei der Lektüre hilfreich.

Nach einem kurzen Überblick über die Entstehungsgeschichte beider Sprachen werden das „Programmieren im Kleinen", die Unterstützung der Ein-/Ausgabe, die Ausnahmebehandlung, das „Programmieren im Großen", die Möglichkeiten zur Strukturierung von Software-Systemen, und die Verfügbarkeit von Übersetzern, die Standardisierung der Sprache und die Qualität des erzeugten Codes an Hand einiger Bewertungsprogramme, sogenannter Benchmarks, verglichen. Ein Vergleich der Möglichkeiten zur Programmierung paralleler Abläufe wird nur an Hand eines größeren Beispiels angedeutet, da die Sprache C hierzu keine eigenen Sprachkonzepte aufweist. In C muß man statt dessen auf Aufrufe des unterliegenden Betriebssystems zurückgreifen. Zum Abschluß wird noch ein kurzer Überblick über Weiterentwicklungen beider Sprachen, über Ada 9X und C++, gegeben. Besonderer Wert wird bei dem Vergleich auf Unterstützung der Wartbarkeit, Zuverlässigkeit und Portabilität gelegt.

2 Entwicklungsgeschichte von C und Ada

In diesem Kapitel wird ein kurzer Überblick über die Entwicklungsgeschichte, den Stand der Standardisierung und die Konzepte der beiden universellen, blockorientierten Sprachen C und **Ada** gegeben.

2.1 Die Sprache C

Die Sprache C wurde 1972 in den Bell Laboratories in Murray Hill, New Jersey, von D. Ritchie für die Programmierung des Betriebssystems UNIX entwickelt. Vorläufer von C sind die Sprachen BCPL (*Basic Combined Programming Language*) und B von K. Thompson. Als Nachfolger der Sprache B erhielt die von Ritchie entworfene Sprache auch den Namen C. Seit 1989 gibt es eine überarbeitete Version der Sprache C, die ein Standard des American National Standards Institute (ANSI) ist. Hier wird aber in erster Linie die ältere und daher weiter verbreitete Sprachdefinition aus [KR78] betrachtet[1], wenn nicht explizit auf ANSI C ([KR88]) hingewiesen wird.

Da C als „Systemimplementierungssprache" entworfen wurde, ist C eine relativ maschinennahe Sprache, die mit Zeichen, Zahlenwerten und Adressen umgeht. C bildet so eine Programmierschnittstelle zur Hardware. Wie für die Systemprogrammierung im allgemeinen so gilt auch für die Programmierung in C, daß viel Programmiererfahrung für einen erfolgreichen Einsatz notwendig ist.

Der Sprachumfang von C ist vergleichsweise gering, was im Hinblick auf den ursprünglichen Einsatzbereich der Sprache günstig ist. C definiert

---

[1] [KR78b] ist eine gute deutsche Übersetzung des englischen Originals, die auch in Fußnoten auf einige Spracherweiterungen wie die Einführung von Aufzählungstypen und die Möglichkeit der Zuweisung an Verbunde hinweist, welche die meisten C-Übersetzer schon lange unterstützten. Oft spricht man in diesem Zusammenhang auch von klassischem C zur Unterscheidung von der in [KR78] beschriebenen Version und ANSI C.

keine Speicherverwaltung, keine Anweisungen zur Ein-/Ausgabe und keine Datei-Zugriffstechniken. Auch Konzepte zur Programmierung paralleler Abläufe sind im Sprachumfang nicht enthalten. So können C-Übersetzer mit relativ geringem Aufwand implementiert werden.

Ein C-Programm ist eine Sammlung von Deklarationen, die Namen einführen, und Definitionen, die auch Platz für ein entsprechendes Objekt reservieren. Ein C-Programm muß genau eine Definition einer Funktion mit dem Namen **main** enthalten. Funktionen können rekursiv aufgerufen, aber nicht geschachtelt definiert werden. C ist nicht streng typengebunden und erlaubt relativ viele implizite und explizite Datenumwandlungen. In C ist die getrennte Übersetzung von Programmteilen möglich, wobei die Übersetzungseinheiten Dateien sind.

Zu einem Übersetzer für C gehören im allgemeinen

- ein Vorübersetzer (cpp), der Makros mit Parametern erlaubt,

- ein Werkzeug (lint) zur Analyse von C-Programmen auf mögliche Fehler und

- ein „Beautifier" (cb) zur Formatierung von Programmquellen.

Da die ersten Rechner, auf denen C implementiert wurde, noch nicht so leistungsfähig waren, sollte der Übersetzer nicht bei semantischen Überprüfungen Zeit verlieren, außerdem sollte C auch möglichst flexibel sein. So ist die in den meisten Sprachen in die Übersetzer integrierte Analyse in C ein eigenes Werkzeug, dessen Verwendung nicht erzwungen wird.

Im allgemeinen stellt ein C-System noch eine umfassende Bibliothek von Funktionen zur Verfügung, welche die Ein-/Ausgabe, die Manipulation von Zeichenreihen und die Speicherverwaltung realisieren und Funktionen zum Suchen und Sortieren von Feldern, mathematische Funktionen und vieles mehr umfassen.

2.2 Die Sprache Ada

Wie die Sprache COBOL wurde **Ada** im Auftrag des amerikanischen Verteidigungsministeriums entwickelt. Die Sprachdefinition mündete 1983 in eine ANSI-Norm (*American National Standards Institute*). 1987 erschien die ISO-Norm (*International Organization for Standardization*). Die Einhaltung der Sprachdefinition durch einen Ada-Übersetzer wird durch eine unabhängige, offizielle Einrichtung, das Validierungsbüro (*Ada Validation Office*), bescheinigt. An Hand von zur Zeit ca. 4000 Tests, der ACVC-Testsuite (*Ada Compiler Validation Capability*, [Goo81]), wird dabei geprüft, ob ein Übersetzer den Sprachstandard einhält. Die Testsuite wird in der Regel alle achtzehn Monate aktualisiert, was auch eine Überprüfung der Übersetzer in regelmäßigen Abständen erforderlich macht.

Ein Programm der Sprache **Ada** besteht aus einer oder mehreren Programmeinheiten. Solche Programmeinheiten können Unterprogramme, Module[1] und Prozesse, die in **Ada** Pakete beziehungsweise Tasks heißen, oder parametrisierte Module und Unterprogramme, sogenannte generische Einheiten, sein. Bei den Programmeinheiten wird zwischen ihrer Spezifikation und ihrem Rumpf unterschieden. Bis auf die Prozesse können alle Programmeinheiten getrennt übersetzt werden. Bei der getrennten Übersetzung werden vollständige Überprüfungen des gesamten Programms über die einzelnen Einheiten hinweg vorgenommen. Zur Behandlung von Situationen, in denen die normale Programmausführung nicht fortgesetzt werden kann, stellt **Ada** das Konzept der Ausnahmebehandlung zur Verfügung. Jedes Objekt in der Sprache hat einen Typ, der die erlaubte Menge der Werte und der Operationen beschreibt. Das Typkonzept in **Ada** ist durch das Konzept der Untertypen, durch das die Menge der erlaubten Werte eingeschränkt werden kann, und das Konzept der abgeleiteten Typen, die es ermöglichen einen Wertebereich mit mehreren logischen Bedeutungen zu belegen, verfeinert. Mit Hilfe sogenannter Darstellungsklauseln kann der Programmierer die Abbildung zwischen Typen der Sprache und den Konzepten der benutzten Maschine beschreiben. Die Ein-/Ausgabe ist in vordefinierten Paketen beschrieben.

---

[1] Laut Duden, Band 1, Biblioghraphisches Institut & F. A. Brockhaus AG, 20. Auflage, 1991, gibt es sowohl „der Modul, des Moduls, die Moduln" (mathematische Verhältniszahl) als auch „das Modul, des Moduls, die Module" (Baueinheit). Hier ist natürlich letzteres gemeint. In der Literatur kann man häufig die erste Form für die zweite Bedeutung finden.

3 Programmieren im Kleinen

In diesem Kapitel werden die Möglichkeiten der Sprachen C und **Ada** zur Beschreibung von Algorithmen dargestellt. Hierbei werden die lexikalischen Elemente, Ausdrücke und Operatoren, einfache und zusammengesetzte Anweisungen und das Typkonzept der Sprachen vorgestellt. Die Beispiele sind zum größten Teil aus [Ada83] beziehungsweise [KR78] entnommen, um einen objektiven Eindruck vom Programmierstil geben zu können. Auch die übrigen Beispiele versuchen jeweils den entsprechenden Stil beizubehalten. So werden etwa in C meist kurze und in **Ada** lange Bezeichner verwendet.

3.1 Lexikalische Elemente

Ein Programmtext ist eine Folge von lexikalischen Elementen. Es wird hierbei zwischen Begrenzern, Bezeichnern – das sind Namen und reservierte Worte –, numerischen Literalen, Zeichen- und Zeichenreihenliteralen und Kommentaren unterschieden. Überdies gibt es noch spezielle Trennzeichen zwischen lexikalischen Elementen wie Zwischenräume.

Bezeichner sind sowohl in **Ada** als auch in C Folgen von Buchstaben, Zahlen und dem Unterstrich, die mit einem Buchstaben beginnen. In **Ada** dürfen keine zwei Unterstriche in einem Namen aufeinanderfolgen oder am Ende eines Namens stehen, in C hingegen zählt der Unterstrich zu den Buchstaben. In **Ada** sind alle Zeichen eines Bezeichners signifikant, wobei allerdings zwischen Groß- und Kleinschreibung nicht unterschieden wird. In C ist dies relevant, allerdings sind oft nur die ersten acht Zeichen eines Bezeichners signifikant. C kennt 30 reservierte Worte, **Ada** 63.

Kommentare werden in C von /*...*/ eingeschlossen und können nicht geschachtelt werden. In **Ada** beginnen Kommentare mit dem doppelten Bindestrich -- und gehen dann bis zum Ende der Zeile. Eine ähnliche Form des zeilenorientierten Kommentars wie in **Ada** gibt es auch in der Sprache BCPL, dem Vorläufer von C. Ein Kommentar in BCPL wird mit // eingeleitet und geht bis zum Ende der Zeile. In der auf C aufbauenden

Sprache C++ ([Str86]) wurde dieser Kommentar wieder als Alternative zu
/*...*/ eingeführt.

In beiden Sprachen gibt es neben dezimalen numerischen Literalen basis-
bezogene numerische Literale. In **Ada** notiert man diese wie folgt:

```
-- Ada-Syntax:
Basis # basisbezogene ganze Zahl
[.basisbezogene ganze Zahl] # [E[+|-]ganze Zahl]
```

wobei die Nachkommastellen und der Exponent optional sind. In **C** werden
mit **0** beginnende ganze Zahlen oktal und mit **0x** beziehungsweise mit **0X**
beginnende Zahlen hexadezimal interpretiert. Alle übrigen Zahlen werden
in beiden Sprachen dezimal interpretiert. In **Ada** kann zwischen Ziffern
ein Unterstrich eingefügt werden, der nur der Lesbarkeit dient, die Bedeutung aber nicht verändert. Die folgenden Literale repräsentieren somit die
Dezimalzahl 255:

```
-- Ada-Beispiel:
2#1111_1111#   16#FF#   016#0FF#   25.5E+1   16#F.F#E+1   8#377#
```

```
/* C-Beispiel: */
        0XFF      0xff       25.5e1                0377
```

Bei basisbezogenen numerischen Literalen müssen in **Ada** Ziffern, die bei
der gewählten Basis ungültig sind, vom Übersetzer zurückgewiesen werden.
In **C** gibt es bei den meisten Übersetzern nur eine Warnung. So ist **8#8#**
in **Ada** nicht zugelassen, hingegen könnte **08** zum Beispiel von einem C-
Übersezter als Null und von einem anderen als Acht interpretiert werden.
Ganzzahlige Objekte gibt es in **C** in bis zu drei verschiedenen Größen.
Ganzzahligen Konstanten, denen unmittelbar das Zeichen l beziehungsweise **L** folgt, sind in **C** lange ganzzahlige Objekte. In dem ANSI-Standard
kann man noch durch Anhängen des Buchstabens **u** zwischen vorzeichen-
losen und vorzeichenbehafteten Objekten unterscheiden.

Zeichenliterale werden in beiden Sprachen in einfache Anführungszeichen
eingeschlossen. In **C** gibt es auch einige spezielle Zeichen wie den Zeilen-
trenner '\n' und beliebige Bitmuster '\ddd'.

Zeichenreihen sind in beiden Sprachen in doppelte Anführungszeichen zu
setzen. Jeder C-Übersetzer betrachtet eine Zeichenreihe als ein Feld von
Zeichen und legt das sogenannte NUL Zeichen, ein Byte mit dem Wert 0,
am Ende jeder Zeichenreihe ab. Es folgen einige Beispiele für Zeichen und
Zeichenreihen:

```
-- Ada-Beispiel:
'a'                     character'val(8#014#)   "ABC"


/* C-Beispiel: */
'a'                     '\014'                  "ABC"
```

In dem Ada-Beispiel ist dabei 'val ein sogenanntes Attribut (siehe Kapitel
6) des Typs **character**, welches hier das zwölfte ASCII-Zeichen (*American
Standard Code for Information Interchange*) liefert.

3.2 Ausdrücke und Operatoren

C und **Ada** verfügen über die üblichen arithmetischen und Booleschen
Operatoren und Vergleichsoperatoren. Der Äquivalenzoperator in **C** ist
== und in **Ada** wie in den meisten anderen Sprachen =. Die Booleschen
Operatoren **&&, ||, !** in **C** führen immer eine kurze Berechnung ihrer
Operanden durch, sie berechnen ihre Operanden von links nach rechts und
brechen die Berechnung ab, sobald das Ergebnis feststeht. Sie entsprechen
damit den Operationen **and then, or else, not** von **Ada** für die Kurz-
auswertung logischer Ausdrücke. Darüber hinaus gibt es in **Ada** noch eine
lange Form der Berechnung, nämlich mit Hilfe der Operatoren **and, or**
und **xor**, die die Auswertung beider Operatoren (in beliebiger Reihenfolge)
erfordern. Operatoren auf Zeigern unterscheiden sich in **C** und **Ada**. In **C**
dereferenziert der Operator * einen Zeiger und **&** liefert die Adresse eines
Objekts. Zeigerdereferenzierung erfolgt in **Ada** über den Selektor .all und
die Adresse eines Objekts liefert das Attribut 'address.

In **C** ist Adreßarithmetik erlaubt. Das Inkrementieren einer Zeigervariablen
liefert so zum Beispiel einen Zeiger auf eine Adresse, die um den entsprechenden Speicherumfang des Objekts, auf das der Zeiger zeigt, erhöht ist.

In **Ada** ist der Typ **address** in dem implementierungsabhängigen Modul **system** vereinbart. Adreßarithmetik ist im allgemeinen nicht möglich und im Gegensatz zu **C** auch nicht nötig, wo sie überwiegend zur Verarbeitung von Feldern eingesetzt wird.

C verfügt zusätzlich noch über eine Reihe weiterer Operatoren.

- Hierzu gehören die einstelligen Operatoren $++$ und $--$, die ihren Operanden verändern. In Postfixnotation bezeichnen sie Post-Inkrement beziehungsweise -Dekrement, in Präfixnotation entsprechend Prä-Inkrement beziehungsweise -Dekrement.

- **C** kennt eine Reihe von Bitoperatoren wie die Shift-Operatoren $<<$ und $>>$ auf dem vordefinierten Typ **int**, also auf den ganzen Zahlen.

- Ein Ausdruck in **C** kann bedingt sein. So liefert der Ausdruck **b ? t : f** den Wert von **t**, wenn **b** ungleich Null ist, sonst **f**.

- In **C** kann ein Ausdruck aus einer durch Kommata getrennten Liste von Ausdrücken bestehen, die von links nach rechts ausgewertet werden, und den Wert des rechten Ausdrucks als Ergebnis liefern. So kann man zum Beispiel innerhalb eines Funktionsaufrufes eine Zuweisung vornehmen wie in **f(a, (t=3,t+2), c)**. Hierbei ist zwischen den Kommata, welche die drei aktuellen Parameter trennen, und dem Kommaoperator innerhalb der Zuweisung zu unterscheiden.

In **Ada** gibt es keine Bitoperatoren. In den meisten Sprachen werden solche Operatoren überwiegend zum Zugriff auf Felder gepackter Datenstrukturen verwendet. Da gepackte Datenstrukturen in **Ada**, wie wir noch sehen werden, über Darstellungsbeschreibungen realisiert werden, die keine besonderen Zugriffsoperatoren erforderlich machen, sind Bitoperatoren in **Ada** unnötig. Hingegen bietet **Ada** mehr Möglichkeiten bei zusammengesetzten Typen. So ist die Verwendung des Zuweisungsoperators auf zusammengesetzten Typen in **C** eingeschränkter als die der Zuweisungsanweisung in **Ada**. Auch gibt es in **Ada** zum Beispiel einen Verkettungsoperator **&**, der eindimensional Felder und damit insbesondere Zeichenreihen verknüpft. Im Zusammenhang mit zusammengesetzten Typen seien auch die Aggregatoperationen aus **Ada** erwähnt, zu denen es in **C** keine Entsprechung gibt. Aggregate werden nach Einführung der zusammengesetzten Typen in 3.5.4 vorgestellt.

In **Ada** muß beim Auftreten arithmetischer Probleme wie Überlauf beziehungsweise Unterlauf eines Wertebereichs eine Ausnahme ausgelöst werden. In **C** hingegen ist die Behandlung von arithmetischen Problemen nicht vollständig durch die Sprache festgelegt. Für vorzeichenlose (unsigned) Werte ist Modulo-Rechnung vorgeschrieben, ansonsten ist das Verhalten maschinen- beziehungsweise übersetzerabhängig. Auch die Reaktion auf Division durch Null ist in C nicht festgelegt.

3.3 Einfache Anweisungen

C und **Ada** sind imperative Programmiersprachen, die die Vorschriften zur Verarbeitung von Daten durch Anweisungen ausdrücken. Einfache Anweisungen sind dabei in beiden Sprachen die Zuweisung, der Unterprogrammaufruf, Sprünge und eine spezielle Anweisung, die keinen Effekt hat. In beiden Sprachen werden Anweisungen mit einem Semikolon abgeschlossen.

3.3.1 Zuweisungen

Die Zuweisung hat in **Ada** die Form **var := expr;** und weist der Variablen **var** den Wert des Ausdrucks **expr** zu. In C ist die Zuweisung ein Operator. Es gibt einen Operator = für die einfache Zuweisung, die der Zuweisung in **Ada** entspricht, und für eine Reihe von Operatoren gibt es Zuweisungsoperatoren der Form: **var op= expr.** Dies führt zur Bewertung von **var** und **expr** und weist **var** das Ergebnis von **var op (expr)** zu. Die folgenden beiden Wertzuweisungen sind daher in C äquivalent:

```
/* C-Beispiel: */
x *= y + 1;
x = x * (y + 1);
```

Die Berechnung eines Ausdrucks und damit auch die Zuweisung ist in C als Anweisung erlaubt.

Die Wahl des Gleichheitszeichens in C als Zuweisungsoperator führt häufig zu Verwechselungen. Dieses Zeichen bezeichnet in den meisten anderen Sprachen den Äquivalenzoperator und wird daher häufig von C-Anfängern irrtümlich in Booleschen Ausdrücken verwendet. Da in C die Zuweisung ein Ausdruck ist, führt eine Verwechselung häufig zu zwar gemäß den Regeln von **C** korrekten aber doch inhaltlich fehlerhaften Programmen. Es ist daher ratsam, Vergleiche möglichst so zu formulieren, daß eine Verwechselung zu einem semantisch inkorrekten Progamm führen würde, das der Übersetzer ablehnen müßte. Dies ist bei Vergleichen mit Konstanten leicht möglich, da man diesen keinen Wert zuweisen darf:

```
/* C-Beispiel: */
1 == x  /* Dies ist ein legaler Boolescher Ausdruck. */
x = 1   /* Dies ist eine legale Zuweisung. */
1 = x   /* Dies ist eine illegale Zuweisung. */
```

Des weiteren ist es für den C-Anfänger häufig verwirrend, daß der Stern in **C** in drei verschiedenen Bedeutungen vorkommen kann. Zusammen mit dem Schrägstrich bildet der Stern als /* das Zeichen für den Kommentarbeginn beziehungsweise als */ das Kommentarende. Als selbständiges lexikalisches Element kann der Stern der einstellige Operator zur Zeigerderefenzierung sein oder der zweistellige Multiplikationsoperator. Wie in dem Buch von Koenig ([Ko89]) mit dem für **C** bezeichnenden Title „C Traps and Pitfalls“ – was soviel heißt wie „C, Fallen und Fallgruben“ – ausgeführt ist, kann diese Überfrachtung des Sterns den Programmierer in eine Falle locken. So weist die folgende Zuweisung

```
/* C-Beispiel: */
y = x/*z /* Falle */;
```

der Variablen **y** den Wert von **x** zu. Hingegen weist

```
/* C-Beispiel: */
y = x/ *z /* beachte das Leerzeichen */;
```

der Variablen **y** das Ergebnis der Division von **x** mit dem Wert, auf den der Zeiger **z** zeigt, zu.

3.3.2 Unterprogrammaufruf

Prozeduren und Funktionen sind die beiden Unterprogrammvarianten von
Ada. Prozeduraufrufe werden in **Ada** als einfache Anweisungen betrachtet. C kennt nur Funktionen, deren Aufruf aber als Anweisung vorkommen kann. Funktionsaufrufe können in beiden Sprachen in jedem Ausdruck
vorkommen. Der Aufruf eines Unterprogramms erfolgt in beiden Sprachen
durch Angabe des Namens und der Liste der aktuellen Parameter:

```
ACTIVATE (P, T, Q);
```

Parameterlose Unterprogramme werden in **Ada** nur durch die Angabe des
Namens und in C durch die Angabe des Namens gefolgt von einem leeren
Klammernpaar aufgerufen. Ein Ausdruck beziehungsweise eine Anweisung
nur aus dem Unterprogrammnamen bestehend liefert in C nur die Adresse
des Unterprogramms und hat als Anweisung keinen Effekt.

Die Zuordnung von aktuellen zu formalen Parametern muß in **Ada** nicht
über Positionen in Parameterlisten erfolgen, sondern kann explizit vorgenommen werden. Bei dieser Form des Aufrufs folgt dem Namen des formalen Parameters der aktuelle Parameter und die Parameter können in jeder
beliebigen Reihenfolge stehen.

```
-- Ada-Beispiel:
ACTIVATE (PROCESS => P,
          WAIT    => T,
          AFTER   => Q);
```

Funktionen können in beiden Sprachen mit einer return-Anweisung verlassen werden, der ein Ausdruck zur Bestimmung des Funktionsergebnisses
folgt beziehungsweise in C folgen kann.

3.3.3 Sprunganweisungen

Ada und C kennen den unbedingten Sprung zu einer markierten Anweisung mittels einer goto-Anweisung. In C muß die Marke innerhalb derselben Funktion liegen wie der Sprung. In Ada sind die Anforderungen sogar noch strenger. Beide Sprachen kennen Anweisungen zum vorzeitigen Verlassen von Wiederholungsanweisungen. In Ada geschieht dies durch die exit-Anweisung

```
-- Ada-Beispiel:
exit OUTER_LOOP when COUNT = 0;
```

Wobei die Angabe des Schleifennamens, im Beispiel **OUTER_LOOP**, und der Bedingung optional sind. In Ada kann man Schleifenanweisungen benennen. Die exit-Anweisung mit Schleifennamen ist nur innerhalb der benannten Schleife erlaubt und verläßt diese. Fehlt der Schleifenname, wird die innerste umfassende Schleife verlassen.

Die break-Anweisung in C verläßt die nächstgelegene do-, for-, switch- oder while-Anweisung. Die continue-Anweisung setzt die umfassende do-, for- oder while-Anweisung an der Stelle fort, an der über die Wiederholung dieser Schleife entschieden wird. Eine Benennung von Schleifen wie in Ada ist in C nicht möglich. Die break-Anweisung ist in C für die Realisierung der Fallunterscheidung mit der switch-Anweisung zwingend erforderlich, wie bei der Behandlung der Kontrollstrukturen noch weiter ausgeführt wird.

3.3.4 Leere Anweisung

Sowohl Ada als auch C verfügen über eine leere Anweisung. In Ada ist dies die null-Anweisung, in C das Semikolon. In beiden Sprachen dient die leere Anweisung als Lückenfüller an Stellen, an denen keine Anweisung ausgeführt werden soll, die Syntax aber eine erfordert. In Ada wird diese Anweisung häufig zur Realisierung einer leeren Prozedur und in C zu einer leeren Schleife verwendet. Schleifen enthalten in C häufig keine Anweisungen, da alle Aktionen schon durch Seiteneffekte bei der Berechnung der Bedingung durchgeführt werden.

3.4 Zusammengesetzte Anweisungen

Hier werden nur strukturierte Anweisungen im Rahmen der sequentiellen Programmierung betrachtet, da C keine Anweisungen für paralleles Programmieren kennt. Parallele Prozesse werden in C genau wie Unterbrechungen über betriebssystemabhängige Systemaufrufe wie zum Beispiel **system, execl, fork, wait** unter UNIX realisiert.

3.4.1 Anweisungsfolgen

Sowohl in **Ada** als auch in C bestehen Anweisungsfolgen aus einer Folge von durch ein Semikolon abgeschlossenen Anweisungen. In beiden Sprachen können Anweisungen zu einem Block zusammengefaßt und mit einem eigenen Vereinbarungsteil versehen werden. In C sind innerhalb eines Blocks aber keine Funktionsdefinitionen zulässig, da Funktionen nicht geschachtelt werden können. Blöcke können in **Ada** benannt werden. In beiden Sprachen erstreckt sich der Gültigkeitsbereich eines Namens vom Beginn der Vereinbarung bis zum Ende des Vereinbarungsbereichs und umfaßt nicht wie zum Beispiel in Modula-2 den gesamten Vereinbarungsbereich. Dies gilt nicht nur für Blöcke sondern für alle Vereinbarungsbereiche wie zum Beispiel auch Unterprogramme und Pakete in **Ada** und Dateien in C. Es folgen je ein Beispiel für einen Block in **Ada** und in C:

```
-- Ada-Beispiel:
SWAP:
    declare
        LEFT_BEFORE: constant INTEGER := LEFT;
    begin
        LEFT := RIGHT;
        RIGHT := LEFT_BEFORE;
    end SWAP;
```

```
/* C-Beispiel: */
{ int temp;
  temp = left; left = right; right = temp;
}
```

An dieser Stelle sei angemerkt, daß C-Programmierer gelegentlich zur Einsparung der Hilfsvariablen **temp** die Vertauschung der Werte zweier Variablen stattdessen wie folgt programmieren:

```
/* C-Beispiel: */
left ^= right; right ^= left; left ^= right;
```

Hierbei ist ^ der Operator für das exklusive bitweise Oder. Allerdings sollte ein optimierender Übersetzer die Hilfsvariable in einem Register halten oder aber möglicherweise vorhandene Maschinenbefehle zur Vertauschung benutzen. Dann wäre der Programmierer zu „schlau" gewesen.

Nach dieser Nebenbemerkung über Programmiertricks wenden wir uns wieder dem Blockkonzept zu. In beiden Sprachen können Vereinbarungen in geschachtelten Blöcken einander verdecken. In **Ada** sind verdeckte Bezeichner im Gegensatz zu **C** noch indirekt sichtbar und man kann auf sie bei entsprechender Qualifizierung zugreifen:

```
-- Ada-Beispiel:
with TEXT_IO; use  TEXT_IO;
procedure VISIBILITY is
   LOCAL_VAR : INTEGER := 1;
begin
BLOCK_1 :
   declare
      LOCAL_VAR : INTEGER := 2;
   begin
   BLOCK_2 :
      declare
         LOCAL_VAR : INTEGER := 3;
      begin
         PUT_LINE
            ("VISIBILITY.LOCAL_VAR:" &
             INTEGER'IMAGE (VISIBILITY.LOCAL_VAR));
```

```
          PUT_LINE
            ("BLOCK_1.LOCAL_VAR:" &
             INTEGER'IMAGE (BLOCK_1.LOCAL_VAR));
          PUT_LINE
            ("BLOCK_2.LOCAL_VAR:" &
             INTEGER'IMAGE (BLOCK_2.LOCAL_VAR));
       end BLOCK_2;
    end BLOCK_1;
end VISIBILITY;
```

Dieses Beispiel liefert die Ausgabe:

```
VISIBILITY.LOCAL_VAR: 1
BLOCK_1.LOCAL_VAR: 2
BLOCK_2.LOCAL_VAR: 3
```

3.4.2 Bedingte Ausführung

Die einfache Verzweigung und die Fallunterscheidung sind Bestandteil beider Sprachen. In **Ada** werden sie durch die if- und die case-Anweisung und
in **C** durch die if- und die switch-Anweisung realisiert. Beide Anweisungen
werden durch eine kleines Beispiel in **Ada** und **C** eingeführt.

```
-- Ada-Beispiel:
type DAY is (MON, TUE, WED, THU, FRI, SAT, SUN);
TODAY: DAY;
...
if TODAY = MON then
  ...
elsif TODAY = TUE then
  ...
else
  ...
end if;
PUT_LINE("Today is " & DAY'IMAGE(TODAY));
```

```
-- Ada-Beispiel:
case TODAY is
  when MON => ...
  when TUE => ...
  when others =>  ...
end case;
```

```
/* C-Beispiel: */
enum {MON, TUE, WED, THU, FRI, SAT, SUN} today;
...
if (today == MON) {
 ...
 printf("Today is MON\n");
}
else
 if (today == TUE) {
  ...
  printf("Today is TUE\n");
}
 else {
 ...
 }
```

```
/* C-Beispiel: */
switch (today) {
 case MON: ...
          break;
 case TUE: ...
          break;
 default: ...;
}
```

In **Ada** wird bei Fallunterscheidungen die Auswahl über Werte eines diskreten Typs getroffen. In **C** müssen die Marken in switch-Anweisungen ganzzahlige Konstanten beziehungsweise konstante Ausdrücke sein. In der in [KR78] vorgestellten Sprachdefinition waren noch keine Aufzählungstypen vorhanden. Diese wurden erst einige Jahre später eingeführt und auch in ANSI C aufgenommen. Dabei führt dann eine Aufzählung Namen ein, die wie Konstanten behandelt werden. Die break-Anweisung ist in C notwendig, will man die switch-Anweisung nach Behandlung einer Alternativen verlassen. In C schließen sich im Gegensatz zu **Ada** die einzelnen Alternativen nicht gegenseitig aus. Die erste passende Marke wird als Einsprungstelle verwendet, ab der alle folgenden Anweisungen sequentiell ausgeführt werden. Die switch-Anweisung kann in C gut zur Programmierung sogenannter Sprunglisten eingesetzt werden. Wenn zum Beispiel bei einigen Fällen gewisse Aktionen einem gemeinsamen Anweisungsteil vorausgehen, müssen die entsprechenden Fälle hintereinander angeordnet werden, und der vorausgehende Fall darf nicht mit einer break-Anweisung abgeschlossen werden. Bei der Fallunterscheidung in C wird nicht geprüft, ob für alle Werte, welche die Variable **today** des obigen Beispiels annehmen kann, eine Alternative existiert oder die default-Alternative angegeben ist. Existiert keine passende Alternative, wird die Ausführung des Programms nach der switch-Anweisung fortgesetzt. Die Sprachdefinition von **Ada** erzwingt entsprechende Überprüfungen der Widerspruchsfreiheit und Vollständigkeit der Fallunterscheidung durch den Übersetzer.

3.4.3 Schleifen

In **Ada** gibt es drei Arten von loop-Anweisungen, die reine loop-Schleife, die for-Schleife und die while-Schleife. Eine einfache Schleife sieht wie folgt aus:

```
-- Ada-Beispiel:
loop
   . . .
end loop;
```

Eine Schleife kann mit der schon vorgestellten exit-Anweisung verlassen werden. Man kann mit der while-Schleife die Wiederholung an eine Bedingung knüpfen, die zu Beginn jedes Schleifendurchlaufes ausgewertet wird:

```
-- Ada-Beispiel:
while Bedingung loop
   ...
end loop;
```

Steht die Anzahl der Wiederholungen von vornherein fest, läßt sich die for-Schleife einsetzen, die implizit einen Laufindex einführt, auf den nur lesend zugegriffen werden kann:

```
-- Ada-Beispiel:
for INDEX in LOWER..UPPER loop
   ...
end loop;
```

Der angegebene Wertebereich kann durch die Angabe von **reverse** auch umgekehrt durchlaufen werden.

In C gibt es ebenfalls drei Schleifenanweisungen, die while-Anweisung, die do-Anweisung und die for-Anweisung. Die while-Anweisung hat folgende Form:

```
/* C-Beispiel: */
while (Bedingung)
   Anweisung
```

Die Anweisung wird so lange wiederholt, bis der Wert des Ausdrucks **Bedingung** Null ist. Wie wir noch sehen werden, gibt es in C keinen Booleschen Typ. Die ganze Zahl Null entspricht dem Wahrheitswert Falsch in anderen Sprachen. Sollen in der Schleife mehrere Anweisungen ausgeführt werden, ist für **Anweisung** ein Block einzusetzen, der mit {} geklammert ist. Die do-Anweisung hat die folgende Form:

```
/* C-Beispiel: */
do
 Anweisung
while (Bedingung);
```

Sie durchläuft ihre abhängige Anweisung mindestens einmal und wird so-lange ausgeführt, wie die Bedingung erfüllt ist. Die Doppelbedeutung von **while** in der while- und in der do-Anweisung kann die Lesbarkeit von Pro-grammen erschweren. Aus ihrem Kontext gerissen kann die Zeile **while (Bedingung);** das Ende einer do-Anweisung oder aber eine vollständige while-Anweisung mit leerer abhängiger Anweisung sein.

Die for-Anweisung von C ist wesentlich allgemeiner als die von **Ada**. Sie hat die Form

```
/* C-Beispiel: */
for (Ausdruck_1; Ausdruck_2; Ausdruck_3)
    Anweisung
```

Der erste Ausdruck wird einmal vor Beginn der Schleife ausgeführt. Die Schleife wird solange wiederholt, bis der zweite Ausdruck den Wert Null annimmt. Fehlt dieser Ausdruck, entspricht dies dem Ausdruck, der nur aus der Konstanten 1 besteht. Der dritte Ausdruck wird am Ende jedes Schleifendurchlaufs ausgeführt. Man kann diese Anweisung wie die von **Ada** verwenden, nur wird in C die Laufvariable durch diese Anweisung nicht automatisch vereinbart. Im folgenden geben wir ein Beispiel einer Ada- und einer C-Anweisung, die jeweils das Feld y[1] durchlaufen:

```
-- Ada-Beispiel:
for INDEX in Y'FIRST .. Y'LAST loop
    ... Y (INDEX) ...
end loop;
```

```
/* C-Beispiel: */
{ int i;
  for (i=0; i < n; i++)
      ... y[i] ...
}
```

---

[1] Da, wie bereits festgestellt, in **Ada** zwischen Groß- und Kleinschreibung nicht unterschie-den wird, bezeichnet **y** auch das Feld **Y** in dem Ada-Beispiel. Auch im folgenden werden wir im laufenden Text für Bezeichner in Ada-Programmen stets bei der Kleinschreibung bleiben.

Man kann die for-Schleife von **C** auf verschiedenartigste Weise einsetzen.
So wird häufig die for-Schleife zur Realisierung einer Endlosschleife verwendet: **for(;;)**. Falls eine Variable als Laufvariable verwendet wird, kann
natürlich nicht durch den Übersetzer überprüft werden, ob diese innerhalb
der Schleife geändert wird, da die for-Schleife den Begriff Laufvariable nicht
kennt.

Die folgenden beiden Beispiele aus [KR78] von Unterprogrammen, die eine
Zeichenreihe kopieren beziehungsweise die Länge einer Zeichenreihe bestimmen, mögen die Verwendung der Schleifen in **C** verdeutlichen:

```
/* C-Beispiel: */
void strcpy(s, t)
   char *s, *t;
   /* Zeichenreihen sind Zeiger auf Objekte des Typs char. */
{
   while (*s++ = *t++)
      ;
}/*strcpy*/
```

```
/* C-Beispiel: */
int strlen(s)
   char *s;
{ char *p=s;

   while (*p != '\0')
      p++;
   return p - s;
}/*strlen*/
```

Hierbei ist zu beachten, daß in **C** Zeichenreihen mit einem Byte mit dem
Wert Null abgeschlossen werden. Obige Funktionen sind in **C** meist schon
Bestandteil der Programmbibliothek. In **Ada** haben Zeichenreihenobjekte
jeweils eine feste Länge. Sie können direkt aneinander zugewiesen werden.
Die Länge läßt sich über das Attribut **'length** ermitteln.

An den vorgestellten zusammengesetzten Anweisungen erkennt man einen
für die Lesbarkeit umfangreicher, tief geschachtelter Programme wesentlichen Unterschied zwischen beiden Sprachen. Alle Kontrollstrukturen haben

in **Ada** eine geschlossene Form und die Ada-Syntax enthält unterschiedliche Symbole für schließende Klammern wie **end if** und **end case**. Überdies kann man am Ende von Unterprogrammen hinter dem abschließenden **end** den Bezeichner des Unterprogramms wiederholen. In C gibt es nur das Klammernpaar {}. Natürlich läßt sich in C wie im obigen Beispiel die Lesbarkeit mit Hilfe von Kommentaren erhöhen, die Richtigkeit der Information kann aber selbstverständlich vom Übersetzer nicht überprüft werden. In C unterlaufen dem Programmierer erfahrungsgemäß bei zusammengesetzten Anweisungen leicht Fehler bei der Klammerung von Anweisungen, da Klammern aus Bequemlichkeit vielfach nur verwendet werden, wenn dies notwendig erscheint. In **Ada** sind die Klammern wie in **loop ... end loop** stets zwingend vorgeschrieben. In C kann insbesondere die Verwendung von nicht robust definierten Makros zu schwer zu entdeckenden Klammerungsfehlern führen. So bedenkt man bei der Verwendung eines Makros oft nicht, daß es sich um mehrere Anweisungen handeln könnte:

```
/* C-Beispiel: */
#define COMPOUNDSTAT S1;S2
/* Achtung: nicht robust mit Klammern definiertes Makro! */
if ()
  S3;
else
  COMPOUNDSTAT ;
```

Gelegentlich wird in C auch der Kommaoperator zur Einsparung von Klammern verwendet, wie das folgende Beispiel zeigt, das die beim Programmaufruf angegebenen Argumente, die in C gewöhnlich in dem Feld **argv** von Zeichenreihen abgelegt sind, ausgibt:

```
/* C-Beispiel: */
main (argc, argv)
int argc ;
char *argv[] ;
{
   while (argc > 1 )
      printf ("'%s'\n", argv[1]) ,
      argc-- ,
      argv++ ;
} /*main*/
```

Das Beispiel läßt sich auch noch knapper formulieren:

```c
/* C-Beispiel: */
main (argc, argv)
int argc ;
char *argv[] ;
{
    while (argc-- > 1)
        printf("'%s'\n", argv++[1]);
}
```

3.5 Typkonzept

Ada und **C** unterscheiden sich deutlich in ihrem Typkonzept. Beide Sprachen bieten zwar eine große Breite von Datentypen. Die Regeln in **Ada** bezüglich der Verträglichkeit von Typen sind aber wesentlich strenger als in **C**. Auch hat der Benutzer in **Ada** mehr Möglichkeiten, eigene Typen zu vereinbaren. Der Benutzer kann Untertypen schon definierter Typen bilden, deren Wertebereich eine durch eine Bedingung eingeschränkte Teilmenge desjenigen des Basistyps bildet. Des weiteren können aus schon bekannten Typen neue Typen abgeleitet werden. Somit können in **Ada** zwei Typen strukturgleiche Wertebereiche haben, ohne identisch oder zuweisungskompatibel zu sein. Ein Wertebereich kann somit mit verschiedenen Bedeutungen belegt werden.

In **C** wird zwischen Deklarationen und Definitionen von Namen unterschieden. Ersteres führt nur einen Namen ein, letzteres reserviert auch Platz für ein entsprechendes Objekt. Deklarationen werden für die Auflösung von Vorwärtsreferenzen und bei der getrennten Übersetzung benötigt. In **Ada** und **C** müssen alle Objekte vor ihrer Benutzung eingeführt werden. In **C** gibt es allerdings eine Ausnahme für Funktionen und Parameter. Wird eine Funktion vor ihrer Deklaration benutzt, wird sie als eine Funktion, die ein ganzzahliges Ergebnis liefert, betrachtet. Parameter müssen nur in der Parameterliste einer Funktion aufgelistet werden, sind sie nicht explizit deklariert, werden auch sie als ganzzahlig betrachtet. Die Syntax von Vereinbarungen unterscheidet sich in beiden Sprachen ganz wesentlich. Das

Beispiel der Vereinbarung zweier Variablen i und j eines ganzzahligen Typs
mag dies verdeutlichen. Einer genaueren Untersuchung der Syntax von C
ist wegen ihrer Eigenartigkeit ein gesonderter Abschnitt gewidmet (siehe
3.5.7).

```
-- Ada-Beispiel:
I, J: INTEGER;
```

```
/* C-Beispiel: */
int i, j;
```

Wie das Beispiel zeigt, ist es in beiden Sprachen möglich, Vereinbarungen von Objekten zusammenzufassen, was jeweils gleichbedeutend ist mit
getrennten Vereinbarungen.

Beide Sprachen verfügen über die Möglichkeit, Objekte im Vereinbarungsteil zu initialisieren. Da in **Ada** auch dynamische Initialisierungen erlaubt
sind, müssen Vereinbarungen zur Laufzeit abgearbeitet werden. Auf die
Wirkung der Abarbeitung von Vereinbarungen in **Ada** gehen wir hier aber
nicht näher ein.

3.5.1 Typvereinbarungen

Ada erzwingt, daß allen Typen mittels einer Typdefinition ein Name gegeben wird. Eine Ausnahme bilden hier nur Felder, die direkt in Objektvereinbarungen auftreten dürfen. Typen, die durch verschiedene Typdefinitionen
eingeführt werden, unterscheidet **Ada** streng. So haben in dem folgenden
Ada-Beispiel die Felder **a** und **b** verschiedene Typen, während **c** und **d**
denselben Typ haben:

```
-- Ada-Beispiel:
type TABLE is array (1 .. 20) of BOOLEAN;
A, B : array (1 .. 10) of BOOLEAN;
C, D : TABLE;
```

Dagegen kennt C im Prinzip keine Typdefinitionen. Mit Hilfe von **typedef** kann man zwar Synonyme für Typen einführen aber keine neuen Typen definieren. So ist es in dem folgenden Ada-Beispiel verboten, an ein Markgehalt ohne explizite Typkonvertierung einen Betrag in Ecu zuzuweisen. In C hingegen ist dies erlaubt:

```
-- Ada-Beispiel:
type ECU is range 0 .. 5_000;
type MARK is range 0 .. 10_000;

ECU_SALARY     : ECU;
MARK_SALARY    : MARK;
...
-- Semantisch inkorrekte Zuweisung:
MARK_SALARY := ECU_SALARY;
-- Semantisch korrekte Zuweisung:
MARK_SALARY := MARK (2 * ECU_SALARY);



/* C-Beispiel: */
typedef int Ecu, Mark;
Ecu ecu_salary;
Mark   mark_salary;
...
/* korrektes C, da beide Seiten vom Typ int sind: */
mark_salary = ecu_salary;
```

3.5.2 Skalare Typen und Zugriffstypen

Zu den skalaren Typen in **Ada** gehören die vordefinierten Typen **boolean, integer, float, character** und benutzerdefinierte Aufzählungstypen sowie benutzerdefinierte ganzzahlige und reellwertige Typen. Darüber hinaus kann der Benutzer Untertypen bilden und neue Typen aus schon vereinbarten ableiten. Werte eines Zugriffstyps sind Verweise beziehungsweise Zeiger auf Objekte eines in der Typvereinbarung festgelegten Typs, die unabhängig von der Blockstruktur des Programms explizit durch sogenannte

Allokatoren angelegt werden können. Zeiger erlauben somit die dynamische
Erzeugung neuer Objekte eines Typs zur Programmlaufzeit. In **Ada** sind
alle vordefinierten Bezeichner der Sprache in einem vordefinierten Paket
namens **standard** definiert. Dort sind neben den oben schon aufgezähl-
ten skalaren Typen **boolean, integer, float, character** auch die beiden
Untertypen **natural** und **positive** von **integer** vereinbart:

```
-- Ada-Beispiel:
subtype NATURAL is INTEGER range 0 .. INTEGER'LAST;
subtype POSITIVE is INTEGER range 1 .. INTEGER'LAST;
```

Hierbei ist 'last ein Attribut skalarer Typen, das jeweils deren größten
Wert angibt. Bei den reellen Zahlen kann der Programmierer zwischen
Fest- und Gleitkommaarithmetik wählen sowie Genauigkeitsanforderungen
formulieren. Diese Genauigkeitsanforderungen erlauben es, auf maschinen-
unabhängige Weise Mindestanforderungen an benutzerdefinierte Typen zu
formulieren. In dem folgenden Beispiel ist **real** ein Gleitkommatyp mit
5 signifikanten Stellen und **fraction** ein Festkommatyp, bei dem der mit
dem Schlüsselwort **delta** angegebene Abstand aufeinanderfolgender Zahlen
höchstens **del** beträgt.

```
-- Ada-Beispiel:
type REAL is digits 5;

DEL : constant := 1.0/2**(WORD_LENGTH - 1);
type FRACTION is delta DEL range -1.0 .. 1.0 - DEL;
```

Die unstrukturierten Typen in C sind lediglich **int, float, double, char** sowie Zeiger. In neueren Implementierungen von C-Übersetzern treten auch
Aufzählungstypen und der Typ **void** (siehe weiter unten) auf. Objekte
vom Typ **int** belegen in der Regel ein Wort und solche vom Typ **char** ein
Byte. Man kann **char, int, float** durch eine Größenangabe **short** beziehungsweise **long** modifizieren. Zum Beispiel ist **short int** ein ganzzahliger
Typ mit möglicherweise gegenüber **int** eingeschränktem Wertebereich und
geringerem Speicherbedarf. Auch können Objekte noch als **unsigned** vereinbart werden. Diese Objekte sind dann ganze Zahlen ohne Vorzeichen,
die der üblichen Modulo-Rechnung unterliegen. Der Typ **double** ist ein
Gleitkommatyp mit doppelter Genauigkeit im Vergleich zu **float** und entspricht dem Typ **long float**. Fehlt in einer Vereinbarung der Typname,

wird **int** angenommen, so daß **short** und **short int** äquivalent sind. Es gibt viele implizite Typkonvertierungen in C. So sind arithmetische Operationen auf dem Typ **char** möglich, da Variablen dieses Typs in Ausdrücken stets in den Typ **int** umgewandelt werden. Dem bereits erwähnten Typ **void** sind keine Werte zugeordnet. Funktionen, die diesen Typ als Ergebnistyp haben, entsprechen dann Prozeduren. Einen Nil-Zeiger wie in vielen anderen Sprachen gibt es in C nicht. Es ist aber garantiert, daß die ganze Zahl Null vom Typ **int** diese Funktion korrekt erfüllt. Benutzerdefinierte skalare Typen wie in **Ada** gibt es nicht.

Bei der Behandlung dynamischer Datenstrukturen in 3.5.3.6 werden wir auf den Umgang mit Zeigern in beiden Sprachen näher eingehen. An dieser Stelle sei nur auf zwei wesentliche Unterschiede von C und **Ada** im Zusammenhang mit Zeigern hingewiesen. Der erste Unterschied betrifft die Kompatibilität von Zeigern verschiedener Typen. Nach der Sprachbeschreibung von C ist in C-Programmen die Zuweisung von Zeigern verschiedener Typen erlaubt. Der Effekt ist allerdings maschinenabhängig und die meisten C-Übersetzer werden eine entsprechende Warnung ausgeben. Auch bei expliziter Typkonvertierung bleibt die Implementierungsabhängigkeit bestehen. Im allgemeinen ist es aber ohne Probleme möglich, Zeiger in den Typ **char *** beziehungsweise **void *** bei ANSI C und zurück zu wandeln. Auf den sinnvollen Einsatz von Zeigern auf Objekte beliebiger Typen gehen wir bei der Behandlung allgemeiner Module in 4.3 ein. In dem folgenden kleinen Beispiel wird der Zeiger **i** auf ganzzahlige Werte an den Zeiger **c** auf Zeichen zugewiesen:

```
/* C-Beispiel: */
int    *i, *j;
char    *c;
...
c = i;              /* Warnung */
c = (char *) i; /* keine Warnung */
j = (int *) c;
```

In **Ada** hingegen macht die strenge Typisierung vor den Zeigern nicht halt. So bietet in **Ada** jeder Zeigertyp nur Zugang zu Objekten eines ganz bestimmten Zieltyps. Eine Konvertierung in einen anderen Zeigertyp ist nicht ohne weiteres möglich. Das obige C-Beispiel findet somit keine direkte Entsprechung in **Ada**. Der folgende Programmausschnitt ist semantisch fehlerhaftes **Ada**:

```
-- Ada-Beispiel:
type CHARACTER_POINTER is access CHARACTER;
C   : CHARACTER_POINTER;

type INTEGER_POINTER is access INTEGER;
I   : INTEGER_POINTER;
...
C := I;                            -- semantischer Fehler
C := CHARACTER_POINTER (I);  -- semantischer Fehler
```

Des weiteren ist es in **C** im Gegensatz zu **Ada** möglich, Objekte, die Zeiger auf Funktionen bezeichnen, zu vereinbaren. So lassen sich zum Beispiel Funktionen als Parameter übergeben, was wir wie folgt demonstrieren:

```
/* C-Beispiel: */
int (*fptr)();      /* Deklaration eines Zeigers fptr auf  */
int f() {};         /* eine Funktion und Definition einer  */
                    /* Funktion f, die einen ganzzahligen  */
                    /* Wert liefert                         */
...

int g(funcp)        /* Definition einer Funktion g, die    */
   int (*funcp)();  /* eine Funktion als Parameter          */
                    /* erwartet und diese Funktion aufruft */
{
   ...
   (*funcp)();
   ...
}

g(f);               /* Aufruf von g, wobei automatisch ein */
                    /* Zeiger auf f konstruiert wird        */

fptr = f;           /* Zuweisung des Zeigers auf die        */
                    /* Funktion f an fptr                   */

(*fptr)();          /* Aufruf der Funktion, auf die fptr    */
                    /* zeigt                                */
```

Dieser Umgang mit Funktionen als Objekten eröffnet dem Programmierer viele Möglichkeiten. Man verwendet dies häufig bei Bibliotheksfunktionen

wie **bsearch** und **qsort**, die als einen Parameter die Vergleichsfunktion
für die binäre Suche beziehungsweise das Sortieren in einem Feld erhalten.
Funktionsvariablen können den Kontrollfluß eines Programms aber auch
undurchschaubar machen.

Unterprogramme als Parameter sind in **Ada** mit Hilfe des Apparates der
generischen Ausprägungen möglich. Dieses Vorgehen erlaubt mehr Überprüfungen zur Übersetzungszeit als die Funktionsvariablen in **C**. Wir kommen auf das Beispiel einer allgemeinen Sortierfunktion, das heißt einer
Funktion, die Felder beliebiger Typen sortiert, noch in 4.3 zurück.

3.5.3 Zusammengesetzte Typen

Als Strukturierungsmöglichkeiten für Typen bieten **Ada** und C Felder,
Verbunde und Varianten.

3.5.3.1 Verbunde

Ein Verbund ist die Zusammenfassung mehrerer möglicherweise verschiedener Datentypen zu einem neuen. Verbunde werden in **Ada record** und
in **C structure** genannt.

Das folgende Beispiel in **Ada** und C mag die Vereinbarung und den Zugriff
auf Komponenten eines Verbundes illustrieren.

```
-- Ada-Beispiel:
-- Verbund mit drei Komponenten:
type DATE is
   record
      DAY   : INTEGER range 1 .. 31;
      MONTH : INTEGER range 1 .. 12;
      YEAR  : INTEGER range 1_800 .. 2_100;
   end record;

DEADLINE : DATE;
```

```
-- Zuweisung an die Verbundkomponenten
DEADLINE.DAY    := 30;
DEADLINE.MONTH := 4;
DEADLINE.YEAR   := 1992;
```

In **C** läßt sich dieser Typ ganz ähnlich formulieren. Im Gegensatz zu **Ada** gibt es allerdings keine Unterbereiche:

```
/* C-Beispiel: */
/* Verbund mit drei Komponenten: */
typedef struct {
    int day, month, year;
} Date;
Date deadline;

/* Zuweisung an die Verbundkomponenten: */
deadline.day = 30;
deadline.month = 4;
deadline.year = 1992;
```

3.5.3.2 Varianten

Als Varianten oder variante Verbunde bezeichnet man eine Erweiterung des Verbundkonzepts. Bei einem varianten Verbund richten sich Zahl und Art der Komponenten nach dem Wert anderer Komponenten. In **Ada** werden variante Verbunde mit Hilfe sogenannter Diskriminanten realisiert. In **C** heißen Varianten **unions**. Das Konzept von **C** ist einfacher als das von **Ada**, aber auch weniger flexibel und weniger sicher. Eine Union ist in **C** nichts anderes als eine Variable, die zu verschiedenen Zeiten Objekte mit verschiedenen Datentypen enthält, die sich auch vom Speicherbedarf her unterscheiden dürfen. Wie das folgende Beispiel zeigt werden die Alternativen bei der Vereinbarung ähnlich wie die Komponenten eines Verbunds aufgelistet

```c
/* C-Beispiel: */
/* Varianter Verbund mit zwei Varianten: */
union Data {
    int       int_value;
    float     float_value;
} data_value;
```

und ausgewählt:

```c
/* C-Beispiel: */
data_value.int_value = 1;
```

Man kann mit solchen Varianten in **C** bewußt oder unbeabsichtigt denselben Speicher auf verschiedene Art interpretieren. So ist es in **C** erlaubt, die Variable **data_value** zum Beispiel wie oben in einer Zuweisung als ganze Zahl zu interpretieren und später den zugewiesenen Wert mit **data_value.float_value** als reelle Zahl zu lesen. Das Ergebnis ist freilich vom verwendeten Übersetzer abhängig.

In **Ada** kann ein Verbund eine ausgezeichnete Komponente eines diskreten Typs, eine sogenannte Diskriminante, enthalten, von deren Wert die restlichen Komponenten abhängen können. Eine Form der Abhängigkeit ist die Auswahl von Alternativen.

```ada
-- Ada-Beispiel:
type NUMERICAL_KIND is (INT, REAL);

type DATA (KIND : NUMERICAL_KIND := INT) is
   record
      case KIND is
         when INT =>
            INTEGER_VALUE : INTEGER;
         when REAL =>
            REAL_VALUE : FLOAT;
      end case;
   end record;

DATA_VALUE : DATA;
```

Im Gegensatz zu **C** ist es in **Ada** verboten, auf eine Alternative zuzugreifen,
die nicht durch die jeweilige Diskriminante ausgewählt ist. Man kann auch
nicht allein den Wert der Diskrimanten ändern ohne auch den Rest des
Verbundes entsprechend anzupassen. Eine solche Zuweisung kann mit Hilfe
der noch vorzustellenden Aggregate erfolgen. Will man die Variable **data_
value**, die durch die Vorbesetzung von **kind** mit **int** in der Typdefinition
als ganzzahliges Datum vereinbart ist, als reellwertiges Datum nutzen, kann
man dies mit der folgenden Zuweisung tun.

```
-- Ada-Beispiel:
DATA_VALUE := (KIND => REAL, REAL_VALUE => 1.0);
```

Anschließend ist eine Interpretation als ganzahliges Datum vor einer Änderung der Diskriminanten nicht mehr zulässig.

```
-- Ada-Beispiel:
-- loest eine vordefinierte Ausnahme aus:
DATA_VALUE.INTEGER_VALUE := 1;
```

3.5.3.3 *Eindimensionale Felder*

Ein Feld ist eine Aneinanderreihung einer festen Anzahl gleichartiger Elemente, auf die mit Hilfe eines Index wie auf eine Tabelle zugegriffen wird.
Beide Sprachen kennen ein- und auch mehrdimensionale Felder.

Mit Hilfe des Typs **date** läßt sich nun zum Beispiel eine Tabelle aller Ur-
laubstermine erstellen. Zunächst folgt wieder die Formulierung in **Ada**.

```
-- Ada-Beispiel:
-- Feld der Laenge 30 mit Elementen des Verbundtyps date:
HOLIDAYS : array (1 .. 30) of DATE;

-- Zuweisung an ein Feldelement:
HOLIDAYS (1).DAY := 1;
```

Bei Feldern sind in **C** zwei Besonderheiten zu beachten. Da die Indizes immer mit Null beginnen, muß man in der Definition eines Feldes nur die Anzahl der Elemente angeben.

```
/* C-Beispiel: */
/* Feld der Laenge 30 mit Elementen des Verbundtyps Date: */
Date h[30];
```

Felder sind in **C** Zeiger auf den Anfang des entsprechenden Speicherbereichs. Den Zugriff auf das i-te Element eines Feldes **h** kann man einmal mittels normaler Feldindizierung oder mittels Adreßrechnung vornehmen. Also bedeutet **h**[i] dasselbe wie ***(h+i)**. Aus dem gleichen Grund sind auch **h**[i] und i[**h**] äquivalent. Die Zuweisung an ein Feldelement erfolgt nun wie folgt

```
/* C-Beispiel: */
/* Zuweisung an ein Feldelement: */
h[0].day = 1;
```

Im Gegensatz zu **Ada** kennt **C** keine Laufzeitüberprüfungen zur Überschreitung der Indexgrenzen. Das Fehlen dieser Überprüfungen wird oft bewußt ausgenutzt, wie folgendes Beispiel von Ross ([Ross86]) zeigt:

```
/* C-Beispiel: */
int a [N];
int *p;

/* a[N] gibt es eigentlich nicht: */
for (p = a; p < &a[N]; p++) {
  /*loop body*/
}
if (p == &a[N]) {
  /* normale Beendigung */
}
```

Mit einem Trick kann man in **C** Felder realisieren, die nicht bei Null beginnen:

```c
/* C-Beispiel: */
int arrtmp[7] = {1,2,3,4,5,6,7}; /* Feld der Laenge 7 */
int *arr = arrtmp - 1939;        /* Feld der Laenge 7 */
                                 /* von 1939 bis 1945 */
print_arr(){
   int i;
   for (i=1939; i <= 1945; i++)
      printf("%d ", arr[i]);
   printf("\n");
}
```

Ein Ausschnitt eines eindimensionalen Feldes bezeichnet in **Ada** eine Folge
aufeinanderfolgender Feldelemente. Für ein eindimensionales Feld a ist
dann zum Beispiel **a(n..n)** ein Ausschnitt mit nur einem Element.

In **C** kann man solche Ausschnitte nur mit Hilfe von Tricks realisieren, die
die Eigenschaft von Feldern, nur Zeiger auf den Anfang zu sein, ausnutzen.
Dies macht das folgende Beispiel deutlich, in dem an eine Funktion, die
als Parameter Felder beliebiger Länge akzeptiert, nur der Ausschnitt eines
Feldes übergeben wird. Es folgt zunächst die Formulierung in **Ada** und
danach in **C**.

```ada
-- Ada-Beispiel:
with TEXT_IO; use  TEXT_IO;
procedure SLICE is
   type VECTOR is array (INTEGER range <>) of INTEGER;
   NUMBER : constant VECTOR (0 .. 9)
         := (1, 2, 3, 4, 5, 6, 7, 8, 9, 0);
   procedure F (V : in VECTOR) is
   begin
      for INDEX in V'RANGE loop
         PUT (INTEGER'IMAGE (V (INDEX)));
      end loop;
      NEW_LINE;
   end F;
begin
-- Aufruf:
   F (NUMBER (2 .. 9));
end SLICE;
```

```c
/* C-Beispiel: */
int number[10] = {1,2,3,4,5,6,7,8,9,0};
int f(v, l)
   int v[], l;
{ int i;
  for (i=0; i < l; i++)
    printf("%d ", v[i]);
  printf("\n");
}

main(){
   /* Aufruf: */
   int i;
   f(&number[2],10-2);
}
```

Bei der C-Version dieses Beispiels, in dem an **f** nur die letzten acht Elemente
des Feldes **number** übergeben werden, ist der Aufruf **f(number[2],8)** für
den C-Übersetzer ebenfalls korrekt, führt aber zu einem Absturz zur Laufzeit. Allerdings können zusätzliche Analysewerkzeuge wie das in Kapitel 2
erwähnte lint diese inkonsistente Verwendung der Funktion bemerken.

An diese Beispiele, in denen Felder durchlaufen werden, läßt sich eine Be-
merkung zur Optimierung anknüpfen. Da in **Ada** die for-Schleife Zuwei-
sungen an die Laufvariable verbietet, kann ein optimierender Übersetzer im
obigen Ada-Beispiel die Laufzeitüberprüfung der Indexgrenzenüberschreitung in der Funktion **f** weglassen, da die Grenzen der Laufvariablen zur
Übersetzungszeit bekannt sind.

3.5.3.4 Dynamische Felder

Sowohl in **Ada** als auch in **C** gibt es dynamische Felder, also Felder, deren
Grenzen erst zur Abarbeitungszeit der Vereinbarung bekannt sein müssen.
In **Ada** gibt es hierzu Feldtypen mit nichtfestgelegten Indexwertemengen
wie in:

```
-- Ada-Beispiel:
type VECTOR is array (INTEGER range <>) of INTEGER;
subtype VECTOR_10 is VECTOR (1..10); -- Untertyp von vector
```

In C kann man in Vereinbarungen, in denen kein Speicherplatz reserviert
wird, die Angabe der Anzahl der Feldelemente weglassen wie in der folgenden Vereinbarung des formalen Parameters **arr**:

```
/* C-Beispiel: */
int f(arr, len)
    int arr[], len;
{ ... }
```

Hierbei kann allerdings die Funktion **f** die Länge des aktuellen Parameters
arr nicht bestimmen. Die Länge wird daher in obigem Beispiel als weiterer
Parameter **len** übergeben.

Die Verwendung dynamischer Felder zur Formulierung wiederverwendbarer
Unterprogramme mag im Vorgriff auf das Kapitel 4 das folgende Beispiel
illustrieren. Im folgenden vereinbaren wir in beiden Sprachen ein mit **tally**
bezeichnetes Unterprogramm, welches zu einer ausgezeichneten Menge von
Beobachtungen die Summe, den Mittelwert, die Standardabweichung und
das Minimum beziehungsweise das Maximum berechnet. Die Menge der
Beobachtungen ist als Feld modelliert. Die Auswahl von Beobachtungen
erfolgt über ein weiteres Feld derselben Länge, dessen Elemente Boolesche
Werte annehmen können. Die i-te Beobachtung wird ausgewählt, wenn der
Wert des zweiten Feldes an der Stelle i dem Wahrheitswert Wahr entspricht.

```
-- Ada-Beispiel:
type REAL is digits 6;
package REAL_MATH is new GENERIC_MATH_FUNCTIONS (REAL);

type VECTOR is array (NATURAL range <>) of REAL;
type CHOICE is array (NATURAL range <>) of BOOLEAN;

MAXREAL : constant REAL := REAL'SAFE_LARGE;
MINREAL : constant REAL := - MAXREAL;
```

```
procedure TALLY
   (OBERVATIONS                                    : in VECTOR;
    SELECTED                                       : in CHOICE;
    TOTAL, AVERAGE, STANDARD_DEVIATION, MIN, MAX : out REAL)
is
   SELECT_COUNT                       : NATURAL := O;
   -- Das Lesen von out-Parametern ist nicht erlaubt
   LOC_TOTAL, LOC_STANDARD_DEVIATION : REAL := O.O;
   LOC_MIN                           : REAL := MAXREAL;
   LOC_MAX                           : REAL := MINREAL;
begin
   if OBSERVATIONS'FIRST /= SELECTED'FIRST or
      OBSERVATIONS'LAST /= SELECTED'LAST
   then
      ... -- Code fuer Fehlerbehandlung
   end if;
   for OBSERVATION_INDEX in OBSERVATIONS'RANGE (1) loop
      if SELECTED (OBSERVATION_INDEX) then
         SELECT_COUNT := SELECT_COUNT + 1;
         LOC_TOTAL :=
            LOC_TOTAL + OBSERVATIONS (OBSERVATION_INDEX);
         if OBSERVATIONS (OBSERVATION_INDEX) < LOC_MIN then
            LOC_MIN := OBSERVATIONS (OBSERVATION_INDEX);
         end if;
         if OBSERVATIONS (OBSERVATION_INDEX) > LOC_MAX then
            LOC_MAX := OBSERVATIONS (OBSERVATION_INDEX);
         end if;
         LOC_STANDARD_DEVIATION :=
            LOC_STANDARD_DEVIATION +
            OBSERVATIONS (OBSERVATION_INDEX) ** 2;
      end if;
   end loop;
   AVERAGE := LOC_TOTAL / REAL (SELECT_COUNT);
   LOC_STANDARD_DEVIATION :=
      REAL_MATH.SQRT
         (abs ((LOC_STANDARD_DEVIATION -
                LOC_TOTAL ** 2 / REAL (SELECT_COUNT))
               / REAL (SELECT_COUNT - 1)));
   TOTAL := LOC_TOTAL; MIN := LOC_MIN; MAX := LOC_MAX;
   STANDARD_DEVIATION := LOC_STANDARD_DEVIATION;
end TALLY;
```

```c
/* C-Beispiel: */
#include <math.h>

#define MAXDOUBLE 0.16777215e32
#define MINDOUBLE -MAXDOUBLE
#define NO 10 /* Anzahl der Beobachtungen */

typedef double  vector [NO] ;
typedef short   choice [NO] ;

void tally (o, s_o, total, average, s_d, min, max, no)
double  o[];
short   s_o[];
double  *total, *average, *s_d, *min, *max;
int   no;
{
   int   scnt = 0;
   int   i;
   *total = 0.0;
   *s_d = 0.0;
   *min = MAXDOUBLE;
   *max = MINDOUBLE;

   for (i = 0; i < no; i++) {
      if (s_o [i]) {
         scnt++;
         *total += o[i];
         if (o[i] < *min)
            *min = o[i];
         if (o[i] > *max)
            *max = o[i];
         *s_d  += pow(o[i], 2.0);
         /* pow(x, y) = x ** y */
      }/*if*/
   }/*for*/
   *average = *total  / (double) scnt;
   *s_d =  sqrt (fabs( *s_d - pow(*total, 2.0) /
      (double) scnt ) / (double) (scnt - 1));
} /*tally*/
```

3.5.3.5 Mehrdimensionale Felder

Die Elemente eines Feldes können in beiden Sprachen von einem beliebigen Typ sein. So gibt es auch Felder von Feldern. Ein Feld von Feldern nennt man Matrix oder zweidimensionales Feld. In beiden Sprachen ist es möglich, Felder beliebiger Dimension zu definieren. Wir beginnen mit einem Beispiel in **Ada**:

```
-- Ada-Beispiel:
type VECTOR is array (INTEGER range 1 .. 4) of REAL;
type AOA_MATRIX is array (INTEGER range 1 .. 2)
   of VECTOR;


AOA_M : AOA_MATRIX;
```

In **Ada** kann man eine Matrix wie folgt auch besser als ein echtes zweidimensionales Feld definieren, das in **Ada** von einem Feld von Feldern konzeptionell unterschieden wird:

```
-- Ada-Beispiel:
type MATRIX is array (INTEGER range 1 .. 2,
                      INTEGER range 1 .. 4)
   of REAL;

M : MATRIX;
```

Der wesentliche Unterschied zwischen diesen beiden Vereinbarungen liegt im Zugriff auf die Matrixelemente:

```
-- Ada-Beispiel:
AOA_M(1)(1) := 1.0;
M(1, 1)     := 1.0;
```

In C hingegen sind Matrizen stets als Felder von Feldern definiert:

```
/* C-Beispiel: */
typedef double Matrix[1][3];

Matrix m;
```

Da Felder in C immer Zeiger auf deren Anfang sind, werden mehrdimensionale Felder stets zeilenweise abgespeichert.

Auf das Element der Matrix in Zeile j und Spalte i wird mit $m[i][j]$ zugegriffen. Für den Zugriff auf mehrdimensionale Felder gilt dasselbe wie für eindimensionale Felder. Entsprechend ist $m[i][j]$ äquivalent zu $*(*(m+i)+j)$. Der Ausdruck $m[i,j]$ ist zwar erlaubt, greift aber auf $m[j]$ zu, was im allgemeinen unsinnige Resultate liefert. Das Werkzeug lint warnt hier bestenfalls, wenn die Benutzung des Kommaoperators wirkungslos ist.

In **Ada** entspricht die Behandlung dynamischer mehrdimensionaler Felder der Behandlung eindimensionaler. In C hingegen kann man nur die erste Dimensionsangabe eines Feldes offenlassen. Bei dynamischen mehrdimensionalen Feldern muß man daher auf die Eigenschaft von Feldern, Zeiger auf den Anfang zu sein, zurückgreifen. Eine dynamische Matrix reeller Zahlen läßt sich in C wie folgt vereinbaren:

```
/* C-Beispiel: */
double (*m)[]; /* m ist ein Zeiger auf einen Vektor mit
                  einer unbekannten Anzahl von double
                  Werten. */
```

Das Beispiel **tally** zur Auswertung von Beobachtungen läßt sich nun in beiden Sprachen auf eine Menge von Beobachtungen verschiedener Variablen verallgemeinern.

```ada
-- Ada-Beispiel:
type MATRIX is array (NATURAL range <>, NATURAL range <>)
   of REAL;

procedure TALLY
   (OBERVATIONS                              : in MATRIX;
    SELECTED                                 : in CHOICE;
    TOTAL, AVERAGE, STANDARD_DEVIATION,
    MIN, MAX                                 : out VECTOR) is

    SELECT_COUNT             : NATURAL := 0;
    LOC_TOTAL,
    LOC_STANDARD_DEVIATION : VECTOR (OBSERVATIONS'RANGE (2))
                             := (others => 0.0);
    LOC_MIN, LOC_MAX         : VECTOR (OBSERVATIONS'RANGE (2));
begin
-- Code fuer Parameterfehlerbehandlung
   LOC_MIN := (others => MAXREAL);
   LOC_MAX := (others => MINREAL);
   for OBSERVATION_INDEX in OBSERVATIONS'RANGE (1) loop
      if SELECTED (OBSERVATION_INDEX) then
         SELECT_COUNT := SELECT_COUNT + 1;
         for VARIABLE_INDEX in OBSERVATIONS'RANGE (2) loop
            LOC_TOTAL (VARIABLE_INDEX) :=
               LOC_TOTAL (VARIABLE_INDEX) +
               OBSERVATIONS (OBSERVATION_INDEX,
                        VARIABLE_INDEX);
            if OBSERVATIONS (OBSERVATION_INDEX,
                        VARIABLE_INDEX) <
               LOC_MIN (VARIABLE_INDEX)
            then
               LOC_MIN (VARIABLE_INDEX) :=
                  OBSERVATIONS (OBSERVATION_INDEX,
                           VARIABLE_INDEX);
            end if;
            if OBSERVATIONS (OBSERVATION_INDEX,
                        VARIABLE_INDEX) >
               LOC_MAX (VARIABLE_INDEX)
            then
```

```
                    LOC_MAX (VARIABLE_INDEX) :=
                        OBSERVATIONS (OBSERVATION_INDEX,
                                     VARIABLE_INDEX);
               end if;
               LOC_STANDARD_DEVIATION (VARIABLE_INDEX) :=
                   LOC_STANDARD_DEVIATION (VARIABLE_INDEX) +
                   OBSERVATIONS (OBSERVATION_INDEX,
                                 VARIABLE_INDEX) ** 2;
          end loop;
       end if;
    end loop;
    for INDEX in OBSERVATIONS'RANGE (2) loop
       AVERAGE (INDEX) :=
           LOC_TOTAL (INDEX) / REAL (SELECT_COUNT);
       LOC_STANDARD_DEVIATION (INDEX) :=
           REAL_MATH.SQRT
              (abs ((LOC_STANDARD_DEVIATION (INDEX) -
                LOC_TOTAL (INDEX) ** 2 / REAL (SELECT_COUNT))
                / REAL (SELECT_COUNT - 1)));
    end loop;
    TOTAL := LOC_TOTAL;
    STANDARD_DEVIATION := LOC_STANDARD_DEVIATION;
    MIN := LOC_MIN;
    MAX := LOC_MAX;
end TALLY;



/* C-Beispiel: */
void tally (o, s_o, total, average, s_d, min, max, no, nv)
double   (*o)[];
short    s_o[];
double   total[], average[], s_d[];
double   min[], max[];
int   no, nv;
{
   int    scnt = 0;
   int    i, j, iv;

   for (j = 0; j < nv; j++) {
       total [j] = 0.0;
```

```
      s_d[j] = 0.0;
      min[j] = MAXDOUBLE;
      max[j] = MINDOUBLE;
   } /*for*/

   for (i = 0; i < no; i++) {
      iv = i * nv;
      if (s_o [i]) {
         scnt++;
         for (j = 0; j < nv; j++, iv++) {
            total [j] += (*o)[iv];
            if ((*o)[iv] < min[j])
               min[j] = (*o)[iv];
            if ((*o)[iv] > max[j])
               max[j] = (*o)[iv];
            s_d [j] += pow((*o)[iv], 2.0);
            /* pow(x, y) = x ** y */
         }/*for*/
      }/*if*/
   }/*for*/

   for (j = 0; j < nv; j++) {
      average [j] = total [j] / (double) scnt;
      s_d [j] =  sqrt (fabs( s_d[j] - pow(total[j], 2.0) /
         (double) scnt ) / (double) (scnt - 1));
   }/*for*/
} /*tally*/
```

Im vorausgehenden C-Beispiel ist die Matrix der Beobachtungen als Zeiger auf einen Vektor undefinierter Länge vereinbart. In [DaMa88] wird in Kapitel 6.11.2 ein anderes Vorgehen beim Umgang mit dynamischen Matrizen in **C** empfohlen. Auch dort muß man die Indexarithmetik manuell umformen. Auf das Element von Zeile i und Spalte j der Matrix o, die nach diesem Vorschlag als **double *(*m)** in **tally** definiert werden müßte, kann man mit

```
/* C-Beispiel: */
(*((double *) m + i * nv + j))
```

zugreifen. Obiger Ausdruck läßt sich als Makro definieren, so daß auf dynamische Matrizen fast in gewohnter Weise zugegriffen werden kann:

```
/* C-Beispiel: */
#define MATRIX(m,i,j,dim2) (*((double *) m + i*dim2 + j))
```

Bei dieser Lösung wird aber lint wahrscheinlich eine Warnung bei der notwendigen Typkonvertierung liefern.

Eine weitere völlig andere Lösung des Problems dynamischer Matrizen in
C wird in [VTPF88] vorgeschlagen. Dort werden Matrizen dann überhaupt
nicht mehr als Felder sondern durchgehend, das heißt auch im Hauptprogramm, als Zeiger auf Zeiger auf reelle Zahlen behandelt. Für Matrizen
muß dann auch dynamisch Speicher allokiert werden. Dies wird aber erst
im folgenden Abschnitt behandelt.

Die vielen Möglichkeiten, die in der Literatur über C zur Realisierung mehrdimensionaler, dynamischer Felder angeboten werden, deuten darauf hin,
daß keine davon voll befriedigen kann. Die Auswahl der geeigneten Methode
bleibt dem Anwender angelastet.

3.5.3.6 Dynamische Datenstrukturen

Sowohl **Ada** als auch **C** kennen dynamische Datenstrukturen, die mit Hilfe
von Zeigern implementiert und dynamisch verwaltet werden. Als Beispiel
für zusammengesetzte Typen folgt die Definition einer Liste in **Ada** und
C:


```
-- Ada-Beispiel:
type LIST;
type LINK is access LIST;
type LIST is record
   CONTENT : INTEGER;
   NEXT    : LINK;
end record;
```

```
/* C-Beispiel: */
struct list {
   int content;
   struct list *next;
};
```

In **Ada** wird Speicherplatz mit Hilfe des Allokators **new** angefordert. Das neu erzeugte Objekt, auf das **new** einen Zeiger liefert, kann gleich bei der Anforderung initialisiert werden. Die Speicherverwaltung in C erfolgt über Bibliotheksfunktionen. In C kann man Zeigertypen ineinander überführen. Dabei kann es Ausrichtungsprobleme geben ([DeSm90]). Daher ist in manchen Implementierungen die Bibliotheksfunktion zur Speicheranforderung so allgemein gehalten, daß die Ausrichtung für alle möglichen Typen paßt. Dies kann zu Platzverschwendung führen. Üblicherweise heißt diese Bibliotheksfunktion **malloc**. Ein Aufruf von **malloc** ist relativ zeitaufwendig. In folgendem Beispiel wird ein Zeiger auf einen Verbund vereinbart, Platz für einen solchen Verbund angefordert und initialisiert. Das Beispiel verwendet den schon vorgestellten Verbund **date** mit den Komponenten **day, month, year**:

```
-- Ada-Beispiel:
type DPTR is access DATE;
P : DPTR;

P := new DATE'(DAY => 1, MONTH => 2, YEAR => 1992);


/* C-Beispiel: */
Date *p;

char *malloc(); /* ANSI C: void *malloc(); */
p = (Date *)malloc(sizeof(Date));
/* Der Operator sizeof liefert den Speicherbedarf eines
   Operanden, gemessen in Bytes. */
p->day = 1;
p->month = 2;
p->year = 1992;
```

Wie noch in dem Kapitel über Unterprogramme näher erläutert wird, gibt es in C implizite Vereinbarung von Funktionsergebnissen und Parametern, was leicht zu Fehlern führen kann. Würde man in obigem Beispiel die Bibliotheksfunktion **malloc** nicht deklarieren, erzeugte der Übersetzer Code in der Erwartung eines Funktionsergebnisses vom Typ **int** an Stelle eines Zeigers.

Den Abschluß dieses Abschnitts bildet die Realisierung von dynamischen Matrizen in der Sprache **C** aus [VTPF88]. Die Funktion **dmatrix** stellt Speicher für eine Matrix bereit und **free_dmatrix** gibt ihn wieder frei. Bei der hier vorgestellten Lösung können Matrizen mit beliebigen nicht notwendig bei 0 beginnenden Indexbereichen erzeugt werden.

```
/* C-Beispiel: */
double    **dmatrix(nrl, nrh, ncl, nch)
int    nrl, nrh, ncl, nch;
/* dmatrix erzeugt die Matrix als Zeiger auf Zeiger auf
   double. Die Grenzen der ersten Dimension laufen von
   nrl bis nrh und die der zweiten von ncl bis nch.
   dmatrix benutzt eine eigene Funktion nrerror zur
   Fehlerbehandlung.
*/
{
   int    i;
   double    **m;

   m = (double **) malloc((unsigned) (nrh - nrl + 1)
       * sizeof(double *));

   if (!m)
     nrerror("allocaction failure 1 in dmatrix()");
   m -= nrl;

   for (i = nrl; i <= nrh; i++) {
      m[i] = (double *) malloc((unsigned) (nch - ncl +
          1) * sizeof(double));
      if (!m)
         nrerror("allocaction failure 2 in dmatrix()");
      m[i] -= ncl;
   } /*for*/

   return m;
} /*dmatrix*/
```

```
void free_dmatrix(m, nrl, nrh, ncl, nch)
double  **m;
int   nrl, nrh, ncl, nch;
{
   int   i;

   for (i = nrh; i >= nrl; i--)
      free((char *) (m[i] + ncl));
   free((char *) (m + nrl));
} /*free_dmatrix*/
```

Auf Elemente der so definierten Matrizen kann nun wie gewohnt zugegriffen werden:

```
/* C-Beispiel: */
double   **m;
int      i, j;

m = dmatrix(1, NO, 1, NV);

for ( i = 1; i <= NO; i++)
   for (j = 1; j <= NV; j++)
      m[i][j] = 5.0;

free_dmatrix(m, 1, NO, 1, NV);
```

3.5.4 Aggregate

In **Ada** gibt es sogenannte Aggregate. Aggregate sind Operationen, die Werte von Komponenten zusammengesetzter Typen zu einem Wert des zusammengesetzten Typs verbinden. Dies wird durch Klammern und Kommata zwischen den Komponentenwerten notiert. Wie bei Unterprogrammaufrufen kann auch hier die Zuordnung zwischen Werten und Komponenten über Positionen oder Komponentennamen erfolgen. Mit Hilfe von Aggregaten läßt sich die Zuweisung an Objekte des Typs **date** elegant formulieren:

```
-- Ada-Beispiel:
DEADLINE := (DAY => 30, MONTH => 4, YEAR => 1992);
```

In C gibt es ein ähnliches, aber eingeschränkteres Konzept bei der Initialisierung von Objekten zusammengesetzter Typen. In der Vereinbarung eines Objekts kann diesem sofort ein Wert zugewiesen werden. Bei zusammengesetzten Objekten notiert man diesen initialen Wert als in geschweifte Klammern eingeschlossene Liste von Initialisierungen für die einzelnen Komponenten. Die Liste folgt immer der Reihenfolge der Komponenten des zusammengesetzten Objekts. Sind nicht genügend Werte vorhanden, wird der Rest des Aggregats mit Null initialisiert. Allerdings ist eine Initialisierung von Varianten in der Sprache C erst in ANSI C möglich.

Es folgt ein Beispiel zur Initialisierung eines Feldes in der Sprache C, welches wir zum Vergleich auch in **Ada** formulieren:

```
/* C-Beispiel: */
int d[10] = {1, 2, 3};
/* hierbei sei d so vereinbart, dass sich die Lebens-
   dauer von d ueber das ganze Programm erstreckt. */
```

```
-- Ada-Beispiel:
D : array (0 .. 9) of INTEGER := (1, 2, 3, others => 0);
```

In diesem Zusammenhang sei bemerkt, daß es in C überhaupt keine symbolischen Konstanten gibt. An Stelle von Konstanten müssen die Ersetzungsmöglichkeiten, die der Vorübersetzer bietet, genutzt werden. Ada hingegen kennt sogar Konstanten von strukturierten Typen:

```
-- Ada-Beispiel:
type COMPLEX is record
   RE, IM : FLOAT;
end record;
I : constant COMPLEX := (0.0, 1.0)
```

3.5.5 Typkonvertierung

Sowohl in **Ada** als auch in C ist es möglich, Werte eines Typs in solche eines
anderen umzuwandeln. In C werden Typkonvertierungen zum Teil implizit durchgeführt. In beiden Sprachen kann man Konvertierungen explizit
verlangen.

3.5.5.1 Implizite Typkonvertierung

In **Ada** gibt es keine impliziten Typkonvertierungen – außer für Literale,
Konstanten und Attribute der hier nicht näher besprochenen sogenannten
universellen numerischen Typen. In **C** können arithmetische Operationen
in Abhängigkeit von ihren Operanden eine Vielzahl impliziter Typkonvertierungen verursachen. So werden Operanden der Typen **char** und **short** in
den Typ **int** und Operanden des Typs **float** in **double** gewandelt. Ist nun
der Wert eines Operanden eines zweistelligen Operators der Typ **double**,
wird der andere ebenfalls nach **double** gewandelt. Gleiches gilt für **long**
und **unsigned**. Auf Grund dieser Regeln sind die drei folgenden Zuweisun-
gen an **r** korrekt, aber nicht äquivalent. Im ersten und dritten Fall erfolgen
alle Berechnungen mit Gleitkommaarithmetik, im zweiten Fall wird der
Ausdruck in Klammern mit Ganzzahlarithmetik berechnet. Dies kann zu
sehr unterschiedlichen Ergebnissen führen.

```
/* C-Beispiel: */
double d, r;
int t;

r = d * t * t / 2;       /* Gleitkommaarithmetik */
r = d * (t * t / 2);     /* Ganzzahlarithmetik */
r = d * (t * t / 2.0);   /* Gleitkommaarithmetik */
```

In **Ada** muß bei einem Ausdruck der obigen Form explizit gewandelt werden, was Irrtümer unwahrscheinlicher macht.

```
-- Ada-Beispiel:
D, R : FLOAT;
T    : INTEGER;

R := D * FLOAT (T**2) / 2.0;
R := D * FLOAT (T**2 / 2);
```

3.5.5.2 Explizite Typkonvertierung

Beide Sprachen erlauben die explizite Umwandlung des Typs eines Ausdrucks. In **Ada** ist die explizite Typkonvertierung der Form

```
-- Ada-Beispiel:
Typkennung (Ausdruck)
```

nur zwischen Typen mit verwandten Eigenschaften erlaubt wie zwischen reellen und ganzen Zahlen. Hierbei wird eine echte Transformation der Werte vorgenommen. Eine Konvertierung, die das Bitmuster nicht verändert, ist übrigens auch möglich. Dazu benötigt man allerdings die generische Funktion **unchecked_conversion**, auf die wir im Rahmen des Sprachvergleichs nur im weiter unten angegebenen Beispiel, in dem sie benutzt wird, eingehen.

In **C** ist die Syntax der Typkonvertierung ähnlich wie in **Ada**:

```
/* C-Beispiel: */
(Typbezeichnung) Ausdruck
```

Man bezeichnet diese Konstruktion in **C** als „cast" (englisch für Gipsabguß). Sie nimmt eine Konvertierung entsprechend den Typumwandlungsregeln von **C** vor, die allerdings einige Punkte offen lassen. So ist nicht definiert, ob bei der Umwandlung von Zeichen des Typs **char** in numerische Werte des Types **int** eine Zahl mit negativem Vorzeichen entstehen kann, wenn man in dem Zeichen ein beliebiges Bitmuster mit acht statt der sieben Bit, die für ASCII-Zeichen benötigt werden, definiert hat. Um hier Klarheit

zu gewinnen, ist in einigen Implementierungen der Typ **unsigned char**
eingeführt worden. Diese Unklarheit kann zum Beispiel bei der Verwendung
des UNIX Standardmakros **getchar** zu Problemen führen. getchar liefert
nämlich in vielen Implementierungen kein Ergebnis vom Typ **char**, da das
Dateiende (EOF) meist mit -1 angezeigt wird. Bei der Abfrage

```
/* C-Beispiel: */
while ((c = getchar()) != EOF)
...
```

könnte so eine Endlosschleife entstehen, wenn man **c** irrtümlich als **char** deklariert hat. Ein weiteres Problem bei der Portierung dieser Anweisung auf
einen Rechner mit dem Betriebssystem OS-9, das selbst bei der Vereinbarung von **c** als vorzeichenloses Zeichen besteht, zeigt [Ja88] auf. Unter OS-9
wird obige Schleife nämlich verlassen, sobald das Byte 0xff gelesen wird.
In [MFS90] wird ebenfalls von einem auf diesem Problem beruhenden Fehler eines der Werkzeuge unter dem Betriebssystem UNIX berichtet. Das
Werkzeug behandelt Zeichen als vorzeichenbehaftete Zahlen und benutzt
die Zeichen zur Berechnung einer Adresse in einer Hashtabelle. Hashing
([Kn73]) ist eine Suchmethode, bei der die Daten gestreut in einer Tabelle
abgelegt sind und mittels einer Funktion, die Schlüssel in Tabellenadressen
transformiert, einer sogenannten Hashfunktion, gefunden werden. Die bei
dem Werkzeug verwendete Hashfunktion kann bei negativen Zahlen unsinnige Werte liefern, so daß auf Speicher außerhalb der Tabelle zugegriffen
wird.

Es folgen verschiedene Beispiele zur Typkonvertierung in **Ada** und **C**.

```
-- Ada-Beispiel:
INTEGER(1.6) = 2   -- Vergleich
```

```
-- Ada-Beispiel:
-- Im folgenden Beispiel wird ein Wert des Typs integer in
-- einen Typ short_integer konvertiert, dessen Elemente nur
-- halbsoviel Speicher benoetigen. Dabei soll die Umwandlung
-- auch fuer Werte, die ueber den Wertebereich von short_int
-- hinausgehen, noch "sinnvolle" Ergebnisse liefern.
-- Hier wird der Wert im niederwertigen Teil des integer
```

```
-- Wertes genommen. Dabei kann es fuer grosse positive
-- integer zu negativen Ergebnissen kommen.
-- Als Hilfskonstruktion wird bei der Umwandlung ein Feld
-- benötigt, das mit ebensoviel Bits dargestellt wird, wie
-- ein integer. Dieses Vorgehen ist sehr maschinen- und
-- uebersetzerabhaengig.
--
with UNCHECKED_CONVERSION;
...
type SHORT_INTEGER is range -32_768 .. 32_767;
-- Dieser Typ ist oft schon in dem Paket standard definiert.

type SHA is array (1 .. 2) of SHORT_INTEGER;
RIGHT : constant := 2;
I     : INTEGER;
J     : SHORT_INTEGER;
function TO_SHORT_INT is new
    UNCHECKED_CONVERSION (INTEGER, SHA);
...
J := TO_SHORT_INT (I) (RIGHT);
-- Der Aufruf von TO_SHORT_INT liefert ein Feld, dessen
-- rechtes (niederwertiges) Element J zugewiesen wird.
```

```
/* C-Beispiel: */
/* Vergleich: */
(int)1.6 == 1
```

```
/* C-Beispiel: */
1 + (int) &x /* Umwandlung einer Adresse*/
```

3.5.6 Darstellungsbeschreibungen

In **Ada** kann der Programmierer mit Hilfe sogenannter Darstellungsklauseln die Abbildung zwischen Typen der Sprache und den Konzepten der benutzten Maschine beschreiben. Hierdurch kann man zu einer kompakteren Darstellung kommen oder eine Schnittstelle zum Beispiel zur Hardwareperipherie herstellen. Es gibt

- Längenklauseln, die den für ein Objekt benutzten Platz umfangmäßig festlegen,

- Darstellungsklauseln für Aufzählungstypen, welche die intern verwendete Kodierung für die Literale des Aufzählungstyps beschreiben,

- und Darstellungsklauseln für Verbunde, welche die Reihenfolge im Speicher, die Ausrichtung bezüglich der Speicherstruktur und den Speicherumfang von Verbundkomponenten spezifizieren.

Mit Längenklauseln läßt sich auch der Speicher, der für einen Zeigertyp benutzt werden kann, begrenzen.

Darstellungsklauseln sind selbstverständlich sehr maschinen- und übersetzerabhängig. Auch braucht ein Übersetzer nur solche Darstellungsklauseln zu akzeptieren, die gut durch die verwendete Hardware unterstützt werden.

Neben diesen Darstellungsklauseln für Typen gibt es noch Adreßklauseln, die es ermöglichen, ein Objekt an einen bestimmten Speicherplatz zu plazieren oder den Anfang des Maschinencodes für einen Unterprogrammrumpf anzugeben. Das folgende Beispiel aus [Ada83] beschreibt die Darstellung und die Länge des Verbundes **program_status_word**:

```
-- Ada-Beispiel:
with SYSTEM;
...
   WORD : constant := 4;               -- 4 Bytes je Wort

   type STATE is (A, M, W, P);
   type MODE is (FIX, DEC, EXP, SIGNIF);
```

```
type BYTE_MASK is array (0 .. 7) of BOOLEAN;
type STATE_MASK is array (STATE) of BOOLEAN;
type MODE_MASK is array (MODE) of BOOLEAN;

type INTERRUPTION_CODE is ...

-- Typvereinbarung:
type PROGRAMM_STATUS_WORD is
   record
      SYSTEM_MASK       : BYTE_MASK;
      PROTECTION_KEY    : INTEGER range 0 .. 3;
      MACHINE_STATE     : STATE_MASK;
      INTERRUPT_CAUSE   : INTERRUPTION_CODE;
      ILC               : INTEGER range 0 .. 3;
      CC                : INTEGER range 0 .. 3;
      PROGRAM_MASK      : MODE_MASK;
      INST_ADDRESS      : SYSTEM.ADDRESS;
   end record;

-- Darstellungsklausel:
for PROGRAMM_STATUS_WORD use
   record at mod 8;
      -- erzwingt, dass jedes Objekt dieses Typs an einer
      -- Speicheradresse beginnt, die ein Vielfaches
      -- von 8 ist
      SYSTEM_MASK       at 0 * WORD range 0 .. 7;
      -- Bits 8, 9 unbenutzt
      PROTECTION_KEY    at 0 * WORD range 10 .. 11;
      MACHINE_STATE     at 0 * WORD range 12 .. 15;
      INTERRUPT_CAUSE   at 0 * WORD range 16 .. 31;
      -- 2. Wort
      ILC               at 1 * WORD range 0 .. 1;
      CC                at 1 * WORD range 2 .. 3;
      PROGRAM_MASK      at 1 * WORD range 4 .. 7;
      INST_ADDRESS      at 1 * WORD range 8 .. 31;
   end record;

-- Laengenklausel:
for PROGRAMM_STATUS_WORD'SIZE use 8 * SYSTEM.STORAGE_UNIT;
```

Der Vorteil der Darstellungsbeschreibungen liegt in einer weitgehenden Unabhängigkeit des Programms von Hardwareänderungen. Oft wird eine Anpassung der Darstellungsbeschreibungen an die neue Hardware ausreichen, ohne daß der Rest des Programms betroffen ist.

Auch C bietet Möglichkeiten zur Darstellungsbeschreibung von Objekten. Man kann mit Hilfe der Bitoperationen und „Bitmasken" Information in Objekten des Typs **unsigned int** kompakt darstellen oder abstrakter in sogenannten Bitfeldern als Verbundkomponenten, die nicht größer als ein Wort sein dürfen. Bei Aufzählungstypen kann man die übliche Repräsentation der Literale, die diese bei Null beginnend in der Reihenfolge der Aufzählung durchnumeriert, mit Einschränkungen ändern. Die folgenden Beispiele stellen den Darstellungsbeschreibungen von **Ada** solche von C gegenüber. Zunächst geben wir eine Darstellungsbeschreibung für einen Aufzählungstyp dann eine für einen Verbund an:

```
-- Ada-Beispiel:
type COLOUR is (RED,GREEN,BLUE);
for COLOUR use (RED=>0,GREEN=>1,BLUE=>5);
```

```
/* C-Beispiel: */
enum Colour {red, green, blue = 5};
```

```
-- Ada-Beispiel:
type FLAGS is
   record
      IS_KEYWORD : BOOLEAN;
      IS_STATIC  : BOOLEAN;
      IS_EXTERN  : BOOLEAN;
   end record;
for FLAGS use
   record
      IS_KEYWORD at 0 range 0 .. 0;
      IS_STATIC  at 0 range 1 .. 1;
      IS_EXTERN  at 0 range 2 .. 2;
   end record;
FLAG : FLAGS;
```

```
/* C-Beispiel: */
struct Flags { /*aus [KR78]*/
  /* Drei Bitfelder der Feldbreite 1: */
    unsigned is_keyword : 1;
    unsigned is_extern: 1;
    unsigned is_static: 1;
} flag;
```

Auf die Komponenten gepackter Verbunde der Struktur **Flags** greift man
wie auf Komponenten anderer Verbunde zu. In **C** wird aber auch hier zur
Laufzeit nicht überprüft, ob man an die Komponenten nur 0 beziehungsweise 1 zuweist. Bei anderen Werten werden implizit Konvertierungen vorgenommen. Nur lint warnt hier wieder.

Mit Hilfe von Adreßklauseln kann man in **Ada** Einfluß auf die statische
Speicherzuordnung nehmen und Unterprogramme, Pakete und Prozesse sowie Objekte an eine gewünschte Adresse setzen beziehungsweise Objekte,
die außerhalb des Ada-Programms liegen wie zum Beispiel Betriebssystem-
variablen, als Objekte im Ada-Programm zugänglich machen. Umgekehrt
kann man mit dem Attribut **'address** die Adresse von Unterprogrammen,
Paketen, Prozessen und Objekten erfragen.

Will man wie in [Ko89] beschrieben eine Funktion an einer bestimmten
Adresse, zum Beispiel Null, aufrufen, weil der Mikroprozessor nach dem
Einschalten den Code, der an dieser Adresse liegt, ausführt, sähe dies in
ANSI C wie folgt aus:

```
/* ANSI C-Beispiel: */
(*(void(*)())0)();
```

Es bleibt dem Leser überlassen, diese Anweisung zu interpretieren. Die
Erklärung in [Ko89] erstreckt sich über mehrere Seiten. In **Ada** ginge man
völlig anders vor:

```
-- Ada-Beispiel:
with SYSTEM;
-- Das Paket system definiert den Typ address
-- und in diesem Fall ein Konstante fuer die Adresse O.
...
```

```
-- Vereinbarung eines ausserhalb des Ada-Programms
-- implementierten Unterprogramms STARTUP, das an
-- der Adresse Null liegt:
procedure STARTUP;
pragma INTERFACE (ASSEMBLER, STARTUP);
for STARTUP use at SYSTEM.ADDRESS_ZERO;

...

-- Aufruf von STATUP:
STARTUP;
```

Es muß allerdings nicht jeder Ada-Übersetzer Adreßklauseln für Unterprogramme unterstützen.

Wie obige Ausführungen zeigen, kann der Programmierer in beiden Sprachen die Speicherdarstellung von Objekten beeinflussen. Allerdings sind die Möglichkeiten in **C** wesentlich eingeschränkter und anfälliger für Programmierfehler als die in **Ada**.

3.5.7 Vereinbarungen und Namensräume in C

Vereinbarungen in **C** sind für viele Programmierer sehr gewöhnungsbedürftig. Für andere stellen sie eine freudig angenommene Herausforderung dar. Die Idee besteht darin, in der Syntax der Vereinbarung die Syntax von Ausdrücken, in denen das definierte Objekt auftreten kann, nachzuahmen. Daher werden in Vereinbarungen die Zugriffsoperatoren mit den entsprechenden Vorrangregeln verwendet. Wie wir schon gesehen haben wird ein Zeiger mit **int** *intptr; deklariert und mit *intptr dereferenziert. Ein Feld wird mit **char** *(arr[]); beziehungsweise unter Verwendung der Vorrangregeln mit **char** *arr[]; vereinbart.

Namen können in **C** Funktionen, Verbunde, Komponenten von Verbunden, Aufzählungen, Literale von Aufzählungstypen, Marken und mit **typedef** eingeführte Namen bezeichnen. Ein Name hat einen Gültigkeitsbereich, der sich über eine Datei erstrecken kann oder nur über eine Funktion beziehungsweise einen Block und eine Bindungseigenschaft, die festlegt, ob das bezeichnete Objekt allen Dateien gemeinsam ist. Ein Objekt gehört zu einer Speicherklasse, die den Ort des Speicherbereiches für dieses Objekt und dessen Lebensdauer festlegt. Die Speicherklasse wird mit sogenannten

Spezifikatoren festgelegt. Die Spezifikatoren kamen bisher noch in keinem
Beispiel vor, da es verschiedene Voreinstellungen gibt. Ein Objekt der
Klasse **auto** wird automatisch beim Betreten eines Blocks angelegt und
beim Verlassen wieder freigegeben. Objekte der Klasse **register** sind ebenfalls automatische Objekte, die aber statt im Speicher möglichst in einem
Register abgelegt werden sollten. Für Objekte der Klasse **static** ist die Zugreifbarkeit auf die Quelldatei beziehungsweise auf den Block, in dem sie
definiert wurden, eingeschränkt. Die Lebensdauer erstreckt sich hingegen
über das ganze Programm. Mit **extern** unterscheidet man die Deklaration
eines externen Objekts von einer Definition. Die folgende Tabelle gibt einen
kurzen Überblick über die Speicherklassen.

Speicherklassen in C				
Speicherklasse	Vereinbarung in Datei/Block	Lebensdauer	Zugreifbarkeit	Speicherort
auto	Block	Block	Block	Keller
extern	Datei	Programm	Programm	global
register	Block	Block	Block	Register o. Keller
static	Block	Programm	Block	global
static	Datei	Programm	Datei	global

Typspezifikatoren sind dann schließlich die schon eingeführten reservierten
Worte **void**, **char**, **short**, **int**, **long**, **float**, **double**, **signed**, **unsigned**,
struct, **union**, **enum** und mit **typedef** eingeführte Namen. Solche Spezifikatoren können rein syntaktisch beliebig hintereinander gehängt werden.

Bestimmte Objekte dürfen initialisiert werden beziehungsweise werden stets
implizit initialisiert. Folgendes ist eine in ANSI C gültige Definition eines
ganzzahligen Objekts i und eines konstanten Zeigers **cpi** auf das veränder-
bare ganzzahlige Objekt i:

```
/* ANSI C-Beispiel: */
int i, *const cpi = &i;
```

Im folgenden werden eine Funktion **f**, die ein Objekt vom Typ **int** liefert,
eine Funktion **fpi**, die einen Zeiger auf eine ganze Zahl liefert, und ein
Zeiger **pif** auf eine Funktion, die eine ganze Zahl liefert, vereinbart:

```
/* C-Beispiel: */
int f(), *fpi(), (*pif)();
```

In C ist Groß- und Kleinschreibung relevant. So verwenden viele Programmierer die Konvention, durch den Vorübersetzer eingeführte Konstanten in Großbuchstaben zu schreiben, Typen mit einem Großbuchstaben beginnen zu lassen und Variablen in Kleinbuchstaben zu schreiben. Des weiteren gibt es in C verschiedene Namensbereiche, die sich gegenseitig überschneiden dürfen. So kann man im selben Gültigkeitsbereich ein ganzzahliges Objekt s und einen Verbund s definieren.

Auf die Bedeutung von Vereinbarungen werden wir im Zusammenhang mit der Programmierung im Großen noch näher in 4.4 eingehen.

Obwohl in **Ada** im Gegensatz zu C Unterprogramme und Pakete geschachtelt werden können ist in **Ada** das Konzept der Lebensdauer und der Sichtbarkeit von Vereinbarungen klarer als in C. Ein Name ist wie in C von der Vereinbarung bis zum (textuellen) Ende der innersten Programmeinheit beziehungsweise Blockanweisung, die diese Vereinbarung enthält, direkt oder indirekt sichtbar. Mit Hilfe von Kontextklauseln können Namen auch in anderen Einheiten sichtbar gemacht werden. Ein Objekt lebt im allgemeinen solange, wie es zugreifbar ist. In Paketen vereinbarte Objekte leben daher bis zum Verlassen des das Paket umschließenden Unterprogramms beziehungsweise Blocks und in Unterprogrammen vereinbarte Objekte leben nur innerhalb des Unterprogramms. Somit lassen sich die prozedurlokalen statischen Objekte von C in **Ada** zum Beispiel mit Hilfe von Vereinbarungen im Rumpf eines die Prozedur umfassenden Paketes realisieren. Eine Unterscheidung zwischen Deklarationen und Definitionen für die Vereinbarung beliebiger Namen wie in C gibt es nicht. Es wird in **Ada** nur zwischen der Spezifikation und dem Rumpf einer Programmeinheit unterschieden.

3.6 Ein- und Ausgabe

Sowohl **Ada** als auch C enthalten keine gesonderten Sprachkonstruktionen für die Ein-/Ausgabe. In **Ada** ist die Behandlung von Dateien und die Ein-/Ausgabe in vordefinierten, genormten Paketen beschrieben, die verschiedene Dateiorganisationen zur Verfügung stellen. **Ada** unterstützt die Ein-/Ausgabe auf sequentielle und direkt adressierbare Dateien, die

Elemente eines bestimmten Typs enthalten können, und die Ein-/Ausgabe
von Text. Hier wollen wir nur auf das schon in den Beispielen verwendete
vordefinierte Paket **text_io** zur Ein-/Ausgabe von Text eingehen. Dieses
Paket enthält eine Reihe von Unterprogrammen zum Öffnen und Schließen
von Dateien, zur Formatierung von Text und zur Ein-/Ausgabe einzelner
Zeichen und ganzer Zeichenreihen. Für die Ein-/Ausgabe numerischer Typen und Aufzählungstypen enthält **text_io** generische Pakete. Oft ist es
bequem, Objekte diskreter Typen mit Hilfe des Attributs **'image** in eine
Zeichenreihe umzuwandeln und als solche auszugeben.

Die Bibliotheksfunktionen zur Ein-/Ausgabe sind erst in ANSI C standar-
disiert worden. Üblicherweise gibt es aber in **C** ein Modul **stdio** zur formatierten Textausgabe und Funktionen **read** und **write** zur Ein-/Ausgabe auf
einer betriebssystemnahen Ebene ohne Pufferung oder andere Unterstützung. Die formatierte Ausgabe erfolgt üblicherweise mit Hilfe der Funktion
printf, die eine variable Anzahl von Parametern akzeptiert:

```
/* C-Beispiel: */
int printf(format, aktParam_1, ...);
```

Dabei wird das Format durch eine beliebige Zeichenreihe **format** beschrieben, die neben Teilen, die unverändert gedruckt werden, auch Konvertierungsspezifikationen enthalten kann. Diese Konvertierungsspezifikationen
werden mit dem Prozentzeichen eingeleitet. Die i-te Konvertierungsspe-
zifikation gibt an, wie der i-te Parameter gedruckt werden soll. Da die
Anzahl der folgenden Argumente von dem Format abhängt, werden meist
keine Überprüfungen der Argumente vorgenommen und es kann zu Lauf-
zeitfehlern kommen. Auch die Meldungen von lint sind hier nicht hilfreich
sondern eher störend. Es ist bei manchen Systemen nicht möglich, Warnung vor der „inkonsistenten" Verwendung der Argumente von **printf** zu
verhindern, ohne auch gleichzeitig hilfreiche Warnungen abzustellen, so daß
man von lint mit irrelevanter Information überhäuft wird. Eigentlich liefert
die Funktion **printf** einen Wert, der Auskunft über den Erfolg des Aufrufs
gibt. Will man diesen Wert nicht berücksichtigen, kann man diese Ab-
sicht in neueren C Versionen mit der Umwandlung (**void**) ankündigen. So
erzeugt lint keine Warnung. Analog zur formatierten Ausgabe mit **printf**
arbeitet die Funktion **scanf** zur formatierten Eingabe. An sie müssen allerdings Referenzen als aktuelle Parameter übergeben werden, da die Funktion
diesen die Eingabe zuweist.

3.7 Unterbrechungen

In **Ada** werden Unterbrechungen mit Hilfe des Prozeßkonzepts behandelt.
Die Synchronisation von Prozessen erfolgt in **Ada** über Aufrufe sogenannter Eingänge, die ein Ada-Prozeß nach außen zur Verfügung stellt, und
Annahme-Anweisungen, die die Aufrufe bearbeiten. An einen solchen Ein-
gang eines Prozesses kann über eine Adreßklausel eine Unterbrechung gebunden werden. Um den Rahmen nicht zu sprengen, wollen wir hier, vom
Beispiel in Kapitel 5 abgesehen, das Prozeßkonzept von **Ada** nicht im De-
tail besprechen. Daher gehen wir auch auf Unterbrechungen nicht näher
ein.

In **C** ist die Behandlung von Unterbrechungen nicht Bestandteil der Sprache. Unter dem Betriebssystem UNIX werden Unterbrechungen mit Signa-
len realisiert. Mit der Bibliotheksfunktion **signal** ordnet man einem UNIX-
Signal eine Funktion zu, die beim Auftreten des Signals ausgeführt werden
soll. Hierbei wird von der Möglichkeit Gebrauch gemacht, in **C** Funktionen
als Parameter übergeben zu können. Nach Behandlung des Signals wird
an der unterbrochenen Stelle fortgefahren. Dabei gelten besondere Regeln
für das Unterbrechen von Systemaufrufen. Die Funktion **ignoresig** des
folgenden Beispiels in ANSI C sorgt dafür, daß Unterbrechungen ignoriert
werden. Sie merkt sich allerdings in der Variablen **oldint** die Funktion, die
vorher beim Eintreffen des Unterbrechungssignals ausgeführt werden sollte.
Die zweite Funktion **oldsig** versetzt die Unterbrechungsbehandlung wieder
in den alten Zustand.

```
/* ANSI C-Beispiel: */
#include <signal.h>
/* enthaelt:
   void (*signal (int sig, void (*handler)(int)))(int); */

static void (* oldint)(int);
/* signal liefert -1 bei Fehler,
   BADSIG ist in signal.h definiert */
/* #define BADSIG (void (*)()) -1 */
```

```
void ignoresig()
{ static short first = 1 /*TRUE*/;
  if (first) {
    first = 0 /*FALSE*/;
    oldint = signal(SIGINT, SIG_IGN);
    if (oldint == BADSIG) perror ("SIGNAL");
  }
  else if (signal(SIGINT, SIG_IGN) == BADSIG)
    perror ("SIGNAL");
}


void oldsig()
{
  if (signal(SIGINT, oldint) == BADSIG) perror ("SIGNAL");
}
```

3.8 Zusammenfassung

Ada ist wegen der ausgefeilten Möglichkeiten, welche die Sprache bezüglich
der Datentypen bietet, im allgemeinen besser für die problemnahe Programmierung geeignet als **C**. Die strengen Typregeln von **Ada** ermöglichen das Aufdecken vieler Programmierfehler durch den Übersetzer, die in
C zum Absturz des Programms zur Laufzeit oder zur Berechnung falscher
Ergebnisse führen können. Die Darstellungsklauseln von **Ada** bieten mehr
Möglichkeiten zur maschinennahen Programmierung als **C**.

Die in **C** fehlenden Laufzeitüberprüfungen zur Überschreitung der Indexgrenzen führen häufig zu Fehlern. In [MFS90] wurden eine Vielzahl von
unter dem Betriebssystem UNIX verfügbaren Werkzeugen wie Editoren,
Übersetzer, Sortierwerkzeuge und ähnliches mit zufälligen Eingaben gete-
stet, wobei etwa 30% dieser Werkzeuge abstürzten. Einer der häufigsten bei
der Auswertung der Abstürze gefundenen Programmierfehler bestand in der

Überschreitung der Indexgrenzen. Das Fehlen dieser Laufzeitüberprüfungen hat auch die Implementierung des sogenannten Internet Worms ([Spa89]), der 1988 das Rechnernetz Internet befallen hat, erleichtert. Unter UNIX gibt es ein Kommando **finger**, das Information über Rechnerbenutzer ausgibt. Das Kommando ist auch in der Lage, Information über Benutzer auf anderen Rechnern in einem Netz zu erfragen. Hierzu wendet es sich an das Programm **fingerd**, das auf dem entsprechenden Rechner ständig im Hintergrund abläuft. Diesem (in **C** mit der Standardein-/ausgabefunktion **gets** implementierten) Programm wurde eine spezielle zu lange Zeichenkette geschickt. Dadurch wurde der Eingabepuffer und damit Teile des Kellers überschrieben. Die Rückkehradresse des Hauptprogramms zeigte dann auf Instruktionen, die auf den Keller geschrieben worden waren. Mit Hilfe dieser Instruktionen drang der „Wurm" dann in den Rechner ein.

4 Programmieren im Großen

Ziel beim Entwurf der Sprache **Ada** war es laut [Ada83], die Entwicklung zuverlässiger, wartbarer und effizienter Programme zu unterstützen. Ein weiteres Ziel bestand in der Unterstützung der arbeitsteiligen Software-Entwicklung. Hierzu wurden die Konzepte der Pakete, der privaten Typen, und der generischen Einheiten in die Sprachdefinition aufgenommen. Zur sinnvollen Zerlegung von Programmen unterstützt **Ada** mit diesen Konzepten das Abstraktions- und das Geheimnisprinzip. **Ada** bietet die Möglichkeit, Module zu konstruieren. Ein Modul ist die Zusammenfassung der Vereinbarung von Konstanten, Datentypen, Variablen, Unterprogrammen und anderem mehr. Die Implementierung eines Moduls, also die konkrete Realisierung der Datentypen und Prozedurrümpfe, bleibt hinter einer Schnittstelle verborgen. Diese Module sind die schon erwähnten Pakete, die sich in **Ada** auch separat übersetzen lassen. Zur Unterstützung der Erstellung von Software mit kontrollierten Reaktionen auf Fehler zur Laufzeit ist in **Ada** das Konzept der Ausnahmen vorgesehen.

Die Strukturierungsmöglichkeiten sind in **C** wesentlich eingeschränkter, wie dieses Kapitel zeigen wird. Es muß zur sinnvollen getrennten Übersetzung auch auf den Vorübersetzer zurückgegriffen werden. In diesem Kapitel werden verschiedene Programmeinheiten der beiden Sprachen, Möglichkeiten zur separaten Übersetzung und die Behandlung von Fehlern zur Laufzeit vorgestellt.

4.1 Unterprogramme

Das Sprachkonzept, mit dessen Hilfe Operationen explizit definiert werden können, ist das der Unterprogramme, die eine Berechnung und die dafür benötigten lokalen Objekte festlegen. In **Ada** wird zwischen Funktionen und Prozeduren und zwischen deren Spezifikation und Rumpf unterschieden. Die Spezifikation legt die äußeren Eigenschaften, die für den Aufruf des Unterprogramms relevant sind, fest. Im Rumpf wird unter Wiederholung des Spezifikationsteils die Realisierung des Unterprogramms festgelegt.

Wegen dieser Wiederholung kann der reine Spezifikationsteil auch fehlen. Das Fehlen der Spezifikation kann aber Einfluß auf die getrennte Übersetzbarkeit haben, da dann mit einer Änderung des Rumpfes immer auch die Spezifikation als geändert betrachtet wird.

In C wird nicht zwischen Funktionen und Prozeduren unterschieden. Eine Prozedur ist eine spezielle Funktion, die keinen Wert liefert. In C können Funktionen nur Werte von Typen liefern, auf denen die Zuweisungsoperation erlaubt ist. In neueren Implementierungen ist dies meist für Verbunde möglich, in älteren nicht. Auch Felder können aus demselben Grund nicht von Funktionen zurückgegeben werden. In C werden unbekannte Funktionen immer implizit als vom Typ **int** angenommen. Damit ist **int** also die Voreinstellung, wenn in der Vereinbarung einer Funktion als Rückgabewert oder Parametertyp nichts anderes angegeben wird, oder wenn bei einem Aufruf die Funktion noch nicht bekannt ist. Außer mit der Definition kann man mit Hilfe einer Funktionsdeklaration eine Funktion bekannt machen. Die Deklaration läßt sich mit der Spezifikation von **Ada** vergleichen, wobei allerdings in einer Deklaration neben dem Funktionsnamen nur der Rückgabewert definiert wird. So wird in C nicht geprüft, ob die formalen Parameter einer Prozedur mit den aktuellen Parametern verträglich sind. Diese Überprüfung wird nur in eingeschränkter Weise von dem Analysewerkzeug lint vorgenommen. Die Einführung einer neue Form der Funktionsdeklaration in ANSI C soll die Überprüfung von Definition und Anwendung erleichtern.

In **Ada** kann man bei der Spezifikation der formalen Parameter eine Vorbesetzung eines Parameters angeben, der dann bei Fehlen des entsprechenden aktuellen Parameters eingesetzt wird. In C ist es möglich, Funktionen mit einer variablen Anzahl von Parametern zu definieren. Der Mechanismus ist aber sehr implementierungsabhängig. Erst in ANSI C ist diese Möglichkeit in den Sprachstandard aufgenommen worden.

In **Ada** gibt es drei Modi für die formalen Parameter von Unterprogrammen. Parameter können Wertparameter, Ergebnisparameter sowie Durchgangsparameter sein. Die drei Modi werden kurz **in**, **out** und **in out** genannt. Ein In-Parameter wird innerhalb des Unterprogramms als Konstante behandelt und darf nur gelesen werden. Ein Out-Parameter beziehungsweise ein In-Out-Parameter wird als Variable betrachtet, wobei ersterer aber nicht gelesen werden darf. Der Übersetzer muß die korrekte Verwendung der formalen Parameter innerhalb des Unterprogramms überprüfen. Auch müssen nicht passende aktuelle Parameter an den Aufrufstellen zurückgewiesen werden. So kann zum Beispiel der aktuelle Parameter eines Out-Parameters keine Konstante sein, da an Konstanten kein Wert zugewiesen werden darf. Wegen der Einschränkungen für Out-Parameter mußten in dem Unterprogramm **tally** des vorherigen Kapitels für das Minimum, das Maximum und den Durchschnitt lokale Variablen eingeführt werden.

In **Ada** ist nicht in jedem Fall festgelegt, durch welchen Mechanismus die formalen Parameter bei einem Unterprogrammaufruf durch die aktuellen zu ersetzen sind. Zum Beispiel müssen zwar die Werte der In-Parameter von skalaren Typen und Zugriffstypen beim Unterprogrammaufruf kopiert werden. Bei Feldern oder Verbunden ist dem Übersetzerhersteller hingegen die Freiheit gegeben, In-Parameter solcher Typen ebenfalls als Wert- oder aber als Referenzparameter zu behandeln. In zweitem Fall wird an Stelle einer Kopie des Wertes ein Zeiger auf den Wert übergeben. Ein Programm, dessen Verhalten durch den Parameterübergabemechanismus beeinflußt werden kann, gilt im Sinne von **Ada** als fehlerhaft (erroneous). Allerdings muß solch ein Fehler nicht vom Übersetzer aufgedeckt werden.

In **C** wird nicht zwischen verschiedenen Modi für Parameter unterschieden. Es gibt nur einen Übergabemechanismus. Parameter werden in **C** grundsätzlich als Wert übergeben. Auf Grund der besonderen Behandlung von Feldern als Zeiger auf deren Anfang bedeutet dies, daß bei Feldern also immer der Zeiger auf das Feld übergeben wird. Die Übergabe als Referenz muß man explizit mit den üblichen Mitteln der Sprache formulieren. So muß die Funktion immer mit Zeigern arbeiten und diese mit * dereferenzieren. Beim Aufruf ist explizit mit dem Operator & ein Zeiger auf das zu übergebende Objekt zu erzeugen. Dies mag folgendes Programmstück verdeutlichen, das eine Prozedur **swap** in **Ada** und **C** definiert:

```
-- Ada-Beispiel:
-- Prozedurspezifikation:
procedure SWAP (LEFT, RIGHT : in out INTEGER);
-- Beim Aufruf von SWAP werden die Werte der aktuellen
-- Parameter fuer die formalen Parameter LEFT und RIGHT
-- kopiert. Bei der Rueckkehr aus SWAP werden die Werte
-- der formalen Parameter an die aktuellen zugewiesen.
```

```
-- Prozedurrumpf:
procedure SWAP (LEFT, RIGHT : in out INTEGER) is
   LEFT_BEFORE: constant INTEGER := LEFT;
begin
   LEFT := RIGHT; RIGHT := LEFT_BEFORE;
end SWAP;


/* C-Beispiel: */
/* Prozedurdeklaration: */
void swap();

/* Definition einer Prozedur, die kein Ergebnis liefert: */
void swap (left, right)
 int *left, *right;
/* swap erwartet als aktuelle Parameter Adressen ganzzahliger
   Variablen. Diese Adressen werden an die formalen Parameter
   left und right als Kopie uebergeben. */
{ int temp;

  temp = *right; *right = *left; *left = temp;
}

/* Prozeduraufruf: */
int c, d;
swap (&c, &d);
```

Übrigens ließe sich obige C-Prozedur auch mit **swap(&c, &d)**; aufrufen,
wobei **d** ein Verbund des Typs **Date** ist, der in 3.5.3.1 definiert wurde. In
diesem Fall vertauscht das Unterprogramm **swap** dann stillschweigend die
Werte von c und **d.day**.

In **Ada** wird von Funktionen verlangt, daß sie mindestens eine return-
Anweisung enthalten. Wird eine Funktion anders als über eine solche Anweisung verlassen, wird eine entsprechende Ausnahme ausgelöst. Außerdem
sind in **Ada** für Funktionen nur sogenannte In-Parameter zugelassen, um
hier neben der Berechnung des Funktionsergebnisses keine andere Wirkung
des Funktionsaufrufes zu erlauben. Allerdings sind bei Unterprogrammen

in **Ada** wie in anderen prozeduralen Sprachen auch Seiteneffekte durch die Änderung globaler Objekte erlaubt. Da in **C** zwischen Prozeduren und Funktionen nicht unterschieden wird, gibt es vergleichbare Einschränkungen wie in **Ada** für die Parameter nicht.

Mit Hilfe der Unterprogramme ist es in **Ada** im Gegensatz zu **C** möglich, andere Unterprogramme zu überladen, das heißt für weitere Typen zu definieren. Dies gilt insbesondere auch für Operatoren.

```
-- Ada-Beispiel:
function "+" (LEFT, RIGHT : MATRIX) return MATRIX;
function "+" (LEFT, RIGHT : VECTOR) return VECTOR;

A, B, C : VECTOR;

A := "+" (B, C);
-- Alternative Schreibweisen:
A := "+" (LEFT => B, RIGHT => C);
A := B + C;
```

In **C** können Funktionen nicht geschachtelt werden. Es ist also nicht möglich, innerhalb einer Funktion eine weitere Funktion zu definieren. Man kann aber lokale Objekte einer Funktion als statisch vereinbaren. Solche Objekte überleben dann Funktionsaufrufe. In **Ada** kann man denselben Effekt mit Hilfe von Paketen erzielen, indem man statische lokale Objekte und Unterprogramme in Paketen zusammenfaßt.

4.2 Module

Die einzigen Modularisierungseinheiten in **C** sind Funktionen und Dateien. Funktionen haben wir schon im vorausgehenden Unterkapitel besprochen. Dateien sind auch gleichzeitig die einzigen Übersetzungseinheiten und werden daher erst unter 4.4 vorgestellt.

In **Ada** werden Module durch Pakete realisiert. Ein Paket ist ähnlich wie ein Unterprogramm in Spezifikation und Rumpf geteilt. Nur können hier unter bestimmten Umständen wohl die Rümpfe aber nie die Spezifikationen fehlen. Die Spezifikation selbst unterteilt sich in einen öffentlichen

und einen privaten Teil. Letzterer enthält Informationen, die zwar nicht
für die Benutzung des Pakets erforderlich, jedoch für die Implementierung
unerläßlich sind. Die Paketschnittstelle enthält eine Sammlung von Vereinbarungen, zu denen auch wiederum Paketdeklarationen gehören dürfen.
Die Implementierung von Unterprogrammen, lokalen Paketen und weiteren
nicht exportierten Objekten und Typen bleibt im Paketrumpf verborgen.
Das folgende etwas umfangreichere Beispiel aus [Ada83] soll noch einmal
einen Eindruck von der Sprache **Ada** vermitteln:

```
-- Ada-Beispiel:
package RATIONAL_NUMBERS is

    type RATIONAL is
      record
          NUMERATOR   : INTEGER;
          DENOMINATOR : POSITIVE;
      end record;

    function  EQUAL (X, Y : in RATIONAL) return BOOLEAN;

    function  "/" (X, Y : in INTEGER) return RATIONAL;

  ...

end RATIONAL_NUMBERS;

package body RATIONAL_NUMBERS is

    procedure SAME_DENOMINATOR (X, Y : in out RATIONAL) is
    begin
        ...
    end SAME_DENOMINATOR;

    function  EQUAL (X, Y : in RATIONAL) return BOOLEAN is
       U, V : RATIONAL;
    begin
       U := X;
       V := Y;
       SAME_DENOMINATOR (U, V);
       return U.NUMERATOR = V.NUMERATOR;
    end EQUAL;
```

```
   function  "/" (X,
                   Y : in INTEGER) return RATIONAL is
   begin
      if Y > 0 then
         return (NUMERATOR => X, DENOMINATOR => Y);
      else
         return (NUMERATOR => - X, DENOMINATOR => - Y);
      end if;
   end "/";

   ...

end RATIONAL_NUMBERS;
```

In dem Beispiel **rational_numbers** ist der Typ **rational** öffentlich. Ein
Benutzer dieses Paketes kann also Variablen dieses Typs definieren und
deren Komponenten **numerator** und **denumerator** direkt manipulieren.
Es gibt nun Anwendungen, bei denen es sinnvoll ist, einen Typ nach außen
zur Verfügung zu stellen, dessen genaue Struktur aber zu verstecken. **Ada**
bietet hierzu das Konzept der privaten Typen. In dem öffentlichen Teil
einer Paketspezifikation wird der Typ als privat vereinbart ohne weitere
Angaben über Implementierungsdetails zu machen. Da solche Details aber
bei der Übersetzung benutzender Einheiten wichtig sein können, wird die
eigentliche Vereinbarung des Typs nicht im Rumpf des Pakets, sondern in
einem als privat bezeichneten Teil der Spezifikation vorgenommen. Dieses
Vorgehen mag die Spezifikation einer Hashtabelle verdeutlichen, in der Objekte des importierten Typs **slot** in einer privaten Hashtabelle verwaltet
werden.

```
-- Ada-Beispiel:
with SLOTS; use SLOTS;
package HASH_TABLE is
   type HASH_TABLE is private;

   procedure RESET (THE_TABLE: in HASH_TABLE);
-- Initialisiert THE_TABLE erneut.
```

```
    procedure INSERT (TEXT      : in STRING;
                      THE_SLOT   : out SLOT;
                      DUPLICATE  : out BOOLEAN;
                      THE_TABLE : in HASH_TABLE);
-- Sucht die Zeichenreihe TEXT in der Tabelle THE_TABLE.
-- Fuegt TEXT gegebenenfalls in THE_TABLE ein und liefert
-- in THE_SLOT einen Zeiger auf den neu erzeugten oder
-- gefundenen slot.

    function MEMBER (TEXT : in STRING;
                     THE_TABLE: in HASH_TABLE)
    return SLOT;
-- Sucht nach der Zeichenreihe TEXT in der Tabelle THE_TABLE
-- und gibt den gefundenen bzw. den null_slot zurueck.

private
    TABLE_SIZE      : constant := 1327;
    HASH_TABLE      : array (1 .. TABLE_SIZE) of SLOT;
end HASH_TABLE;
```

4.3 Allgemeine Module

In **Ada** lassen sich mit Hilfe generischer Unterprogramme und Pakete Programmeinheiten parametrisieren. So läßt sich unser obiges swap-Beispiel auch als bloße Schablone vereinbaren, die für beliebige Typen ausgeprägt werden kann:

```
-- Ada-Beispiel:
-- generische Prozedurspezifikation:
generic
    type ELEM is private;
procedure SWAP_MODEL (LEFT, RIGHT : in out ELEM);
```

```
-- Prozedurrumpf:
procedure SWAP_MODEL (LEFT, RIGHT : in out ELEM) is
   LEFT_BEFORE : constant ELEM := LEFT;
begin
   LEFT := RIGHT;
   RIGHT := LEFT_BEFORE;
end SWAP_MODEL;

with SWAP_MODEL;
procedure EXAMPLE is
   -- zwei Auspraegungen der Schablone SWAP_MODEL:
   procedure SWAP is new SWAP_MODEL (FLOAT);
   procedure SWAP is new SWAP_MODEL (INTEGER);
   A, B : FLOAT;
   X, Y : INTEGER;
begin
...
   SWAP (A, B);
   SWAP (X, Y);
...
end EXAMPLE;
```

Das unterschiedliche Vorgehen in den Sprachen **C** und **Ada** zur Vereinbarung allgemeiner, typunabhängiger Programmbausteine soll nun an Hand einer Sortierfunktion, die für Felder beliebiger Typen angewendet werden kann, aufgezeigt werden. Das folgende unvollständige Beispiel zeigt, wie eine solche Funktion **sort** in den beiden Sprachen vereinbart und benutzt wird. In **Ada** wird das Konzept der generischen Einheiten verwendet. In C wird ausgenutzt, daß es einen allgemeinen Zugriffstyp gibt, der es erlaubt, Zeiger auf Objekte beliebiger Typen zu manipulieren.

```
-- Ada-Beispiel:
generic
   type INDEX is (<>);
   type ITEM is private;
   type COLLECTION is array (INDEX range <>) of ITEM;
   with function  "<" (X, Y : ITEM) return BOOLEAN;
procedure SORT (C : in out COLLECTION);
```

```
procedure SORT (C : in out COLLECTION) is
...
end SORT;

with SORT;
with TEXT_IO; use TEXT_IO;
procedure SORTTEST is
   type VECTOR is array (POSITIVE range <>) of INTEGER;
   procedure SORT_VECTOR is new SORT
      (POSITIVE, INTEGER, VECTOR, "<");
   AN_ARRAY : VECTOR (1 .. 5) := (1, 4, 3, 2, 5);
begin
   SORT_VECTOR (AN_ARRAY);
   for I in 1 .. 5 loop
      PUT (INTEGER'IMAGE (AN_ARRAY (I)));
   end loop;
   NEW_LINE;
end SORTTEST;
```

In C gibt es keine generischen Einheiten. Man muß für eine allgemeine
Sortierfunktion die Typumwandlungen (auf Zeigern) von C einsetzen und
Funktionen als Parameter verwenden. Die meist schon in der C-Bibliothek
(siehe zum Beispiel [SunOS]) vorhandene Sortierfunktion **qsort** hat folgende Schnittstelle:

```
/* C-Beispiel: */:
int qsort(base, nel, width, compar)
char *base;          /* base zeigt auf den Anfang des zu
                        sortierenden Feldes. Der Typ char *
                        wird hier als allgemeiner Zugriffs-
                        typ verwendet. */
int nel;             /* nel gibt die Anzahl der Elemente des
                        Feldes an. */
int width;           /* width ist die Groesse eines Elementes des
                        Feldes. */
int (*compar)();     /* compar ist die Vergleichsfunktion auf den
                        Elementen. */
```

Die Funktion **qsort** läßt sich wie folgt benutzten:

```c
/* C-Beispiel: */:
#include <stdio.h>
#define   TABSIZE   5

extern int qsort(); /* C Bibliotheksfunktion qsort */

static int intcompare (a, b)
int *a, *b;
{
   return (*a - *b);
} /*intcompare*/

static int vector[TABSIZE] = {1, 3, 4, 2, 5};

int main()
{
   int i;

   qsort((char *)vector, TABSIZE, sizeof(int), intcompare);
   for (i=0; i<TABSIZE; i++)
      printf(" %d", vector[i]);
   printf("\n");
} /*main*/
```

Das Vorgehen in **Ada** erlaubt mehr Überprüfungen zur Übersetzungszeit
als das in **C**. Zum Beispiel muß bei der Ausprägung einer generischen Einheit für jedes generische formale Unterprogramm ein in seiner Spezifikation
passendes Unterprogramm angegeben werden. In **C** hingegen könnte man
qsort auch mit einer Vergleichsfunktion an Stelle von **intcompare** aufrufen, die irrtümlich nicht Zeiger sondern ganze Zahlen als Parameter erwartet. Das Programm ist dann auch ohne Warnung übersetzbar, sortiert aber
nicht richtig.

4.4 Getrennte Übersetzung

Übersetzungseinheiten in **Ada** sind die Spezifikationen beziehungsweise die
Rümpfe solcher Pakete, Unterprogramme und generischen Einheiten sowie
deren Ausprägungen, die selbst nicht in anderen Programmteilen dieser

Art vereinbart sind, sowie die hier nicht besprochenen Untereinheiten, welche die Top-Down-Entwicklung von Programmen unterstützen sollen. Das Geheimnisprinzip wird durch die Zweiteilung von Programmeinheiten in Spezifikation und Rumpf unterstützt. Spezifikationen werden über Kontextklauseln in andere Programmeinheiten eingeführt. Einer separat übersetzbaren Einheit sind Kontextinformation in Form von with-Klauseln, die angeben, welche anderen Programmeinheiten benutzt werden können, voranzustellen. Unser obiges Paket **rational_numbers** läßt sich also wie folgt benutzen:

```
-- Ada-Beispiel:
with RATIONAL_NUMBERS; use RATIONAL_NUMBERS;
package USER is
   ...
   R: RATIONAL := 2 / 3;
   ...
end;
```

Die Sprachdefinition legt fest, welche Übersetzungsreihenfolgen zulässig sind. Diese Regeln ergeben sich aus den Sichtbarkeitsregeln. Eine Übersetzungseinheit darf erst übersetzt werden, wenn alle von ihr in den Kontextklauseln genannten Unterprogramm- und Paketdeklarationen schon übersetzt sind. Der Rumpf eines Unterprogramms oder Pakets darf erst nach der entsprechenden Spezifikation übersetzt werden. Übersetzer müssen diese Regeln überprüfen. Auch nach Nachübersetzungen dürfen die von der Änderung betroffenen Übersetzungseinheiten nicht weiter benutzt werden. Als Hauptprogramm, das beim Binden angegeben werden muß, kann jede (parameterlose) Prozedur, die auch eine Übersetzungseinheit aber keine Untereinheit ist, dienen.

Übersetzungseinheiten in C sind Dateien. Dateien wiederum sind eine Menge von Definitionen und Deklarationen. Die Objektdateien, die aus der unabhängigen Übersetzung solcher C-Quellen resultieren, können zu einem ausführbaren Programm gebunden werden, wenn die Dateien die Definition einer Funktion des Namens **main** enthalten. Die Ausführung beginnt dann mit dem Aufruf dieser Funktion.

Mit Hilfe des Schlüsselworts **static** wird die Benutzbarkeit eines global in einer Datei vereinbarten Namens auf diese Datei eingeschränkt. Mit Hilfe des reservierten Worts **extern** unterscheidet man die Deklaration eines

Objekts von einer Definition und kann so Objekte in einer Datei sichtbar machen, die in anderen Dateien definiert werden. Üblicherweise werden „Spezifikationen" mit **extern** in sogenannten Definitions- beziehungsweise Header-Dateien gesammelt, die sowohl in benutzenden Dateien als auch meist in der zugehörigen Implementierung mit Hilfe des Vorübersetzers eingeschlossen werden. Der Einschlußmechanismus vermeidet Wiederholungen desselben Textes. Die Header-Datei sollte auch dann in die Implementierung eingeschlossen werden, wenn sie keine dort zwingend benötigte Information wie die Vereinbarung von Makros enthält, da dann eine gewisse Konsistenzprüfung zwischen Deklarationen der Header-Datei und Definitionen der Implementierung möglich ist. Der C-Übersetzer betrachtet nämlich immer nur eine einzige Datei und nimmt keine dateiüberschreitenden Prüfungen vor. Er übersetzt die einzelnen Dateien unabhängig und nicht nur getrennt voneinander. Nur das Werkzeug lint kann Konsistenz zwischen verschiedenen Dateien überprüfen.

Es gibt in C zwei verschiedene Arten von „statischen" Objekten. Externe **static** Objekte sind im globalen Datenbereich eines Programms angelegt und nur in einer Datei sichtbar, prozedurlokale **static** Objekte sind nur in einer Funktion sichtbar und überleben Prozeduraufrufe, da sie ebenfalls im globalen Datenbereich angelegt werden.

Da in C Module Dateien entsprechen, umfassen sie im Gegensatz zu **Ada**, wo Paketrümpfe einen Anweisungsteil enthalten dürfen, keinen Initialisierungsteil.

Das folgende unvollständige Beispiel zeigt die Vereinbarung und Benutzung eines Moduls **scan**, das Wörter einliest. Beim Auftreten als illegal betrachteter Zeichen soll die entsprechende Zeilen- und Spaltennummer ausgegeben und das Zeichen ignoriert werden. Die aktuelle Zeilen- und Spaltennummer sind in dem Ada-Beispiel als lokale Variablen des Paketrumpfes und in dem C-Beispiel als statische Variablen der entsprechenden Funktion vereinbart.

```
-- Ada-Beispiel:
package SCAN is
    function NEXT_WORD return STRING;
        -- Liefert das naechste Wort von der Standardeingabe.
        -- Alle illegalen Zeichen, d.h. alle Zeichen ausser
        -- Buchstaben, Ziffern und Leerzeichen, werden
        -- unterdrueckt und in einer Fehlermeldung mit Zeilen-
        -- und Spaltennummer gemeldet.
```

```
   function IS_END_OF_FILE return BOOLEAN;
end SCAN;

package body SCAN is
   LINE, COLUMN : INTEGER := 0;

   function NEXT_WORD return STRING is
   begin
      . . .
   end NEXT_WORD;

   function IS_END_OF_FILE return BOOLEAN is
   begin
      . . .
   end IS_END_OF_FILE;
end SCAN;

with TEXT_IO; use TEXT_IO;
with SCAN;
procedure READIN is
. . .
begin
. . .
   while not SCAN.IS_END_OF_FILE loop
        ... SCAN.NEXT_WORD ...
   end loop;
end READIN;



/* C-Beispiel: */
/* Datei scan.h */
extern char *next ();
/* Liefert das naechste Wort von der Standardeingabe oder
   NULL, wenn das Dateiende erreicht ist.
   Alle illegalen Zeichen, d.h. alle Zeichen ausser
   Buchstaben, Ziffern und Leerzeichen, werden unterdrueckt
   und in einer Fehlermeldung mit Zeilen- und Spaltennummer
   gemeldet. */
```

```
/* Datei scan.c */
#include "scan.h"

#define NULL 0

char *next ()
{
static int line = 0, column = 0;

    . . .
} /*next*/

/* Datei readsep.c */
#include "scan.h"
main ()
{
char *text;

    while ((text=next()) != NULL) {
        . . .
    }
} /*main*/
```

Müssen bei einer Erweiterung oder Änderung des Beispiels mehr als ein Unterprogramm des Moduls **scan** auf die Variablen **line** und **column** zugreifen, muß man auch in dem C-Beispiel diese Variablen global in der Implementierung von **scan** vereinbaren. Hierbei ist dann explizit das Schlüsselwort **static** zur Einschränkung der Zugreifbarkeit auf die Datei zu verwenden.

Ein den privaten Typen von **Ada** vergleichbares Konzept gibt es in **C** nicht.
Darnell und Margolis schlagen in [DaMa88] vor, mit Hilfe des Vorüberset-
zers Teile der Header-Dateien zu verstecken. In dem folgenden Beispiel der
Spezifikation einer Hashtabelle wird das Makro **HT_OWNER** benutzt,
um in allen benutzenden Modulen die Implementierungsdetails des Typs
Htable zu verstecken. Das Makro sollte nur in der Implementierung der
Hashtabelle definiert sein.

```
/* C-Beispiel: */
/* importierte Module: */
#include "slot.h"

/* exportierte Typen: */
#define _HTSIZE 1327 /* Groesse der Hashtabelle */
#ifdef HT_OWNER
    typedef SLOTPTR Htable[_HTSIZE] ; /* privater Typ */
#else
    typedef struct { /* selbe Groesse wie privater Typ */
        char _x[_HTSIZE*sizeof(SLOTPTR)];
    } Htable;
#endif

/* exportierte Funktionen: */
extern void ht_reset (/* Htable h */);
/* Initialisiert die Tabelle 'h' erneut. */

extern int ht_insert (/* char *str;
                         SLOTPTR slotptr;
                         Htable h */) ;
/* Sucht den Bezeichner 'str' in der Tabelle 'h'.
   Fuegt 'str' gegebenenfalls in 'h' ein und liefert in
   'slotptr' einen Zeiger auf den neu erzeugten oder
   gefundenen slot */

extern SLOTPTR ht_member (/* char *str; Htable h */);
/* Sucht nach dem Bezeichner 'str' in der Tabelle 'h'
   und gibt den gefundenen bzw. den NULL Zeiger zurueck. */
```

Natürlich kann jeder Benutzer der Hashtabelle entgegen der Intention des Autors das Makro **HT_OWNER** definieren und die Kenntnis der Implementierungsdetails des versteckten Typs ausnutzen. Daher schlägt Iannello ([Ia90]) vor, zu versteckende Teile in einer weiteren Header-Datei festzulegen. Diese zusätzliche Indirektion bietet zwar auch keinen Schutz vor der Benutzung privater Vereinbarungen, macht aber die Intention des Autors deutlicher.

Das Konzept zur getrennten Übersetzung ist in C flexibel, aber fehleranfällig. Nach B. Stroustrup ([Str87]) ermöglicht C zwar die Zerlegung von Programmen in Module, unterstützt dies aber im Gegensatz zu Sprachen wie **Ada** und Modula-2 nicht. Im folgenden sollen einige Gefahren von C in diesem Bereich zusammengestellt werden.

Die implizite Vereinbarung von Funktionsergebnissen und die getrennte Übersetzung in C erlauben es erst dem Binder und dem Werkzeug lint, festzustellen, ob das Programm vollständig ist, das heißt ob alle benötigten Definitionen vorhanden sind. Da es in C keine Zuordnung zwischen Spezifikationseinheiten und deren Implementierungen gibt, kann die fehlende Definition ja in einer beliebigen Datei vergessen worden sein.

In C und in ANSI C gibt es das Konzept des „Versuchs" einer Definition, das zu schwer entdeckbaren Fehlern führen kann. Eine externe Objektdeklaration, d. h. eine Deklaration die global in einer Datei steht, ist eine Definition, wenn sie eine Initialisierung enthält. Eine externe Vereinbarung ohne **extern** Spezifikation und ohne Initialisierung wird nur als Versuch aufgefaßt. Gibt es keine Definition werden alle Versuche zu einer Definition zusammengefaßt. Gibt es nur Deklarationen, meldet der Linker beziehungsweise lint einen Fehler. Man vergißt in C nun leicht, die Sichtbarkeit mit **static** einzuschränken. Sich daraus ergebende Fehler merkt man erst beim Binden, oder gar nicht. Deklariert man in zwei Modulen eine Variable a global ohne sie zu initialisieren, gibt es für sie nur einen Speicherplatz. Folgendes Beispiel, das die Zahl 2 ausdruckt, verdeutlicht das Problem:

```
/* C-Beispiel: */
/* Datei 1: */
int a;
main() {
   a = 0 ;
   f();
   (void) printf("A: %d (2)\n", a);
}


/* Datei 2: */
int a;
int f() {
   a = 2;
}
```

Auch das Werkzeug lint warnt hier nicht, da die Typen in den Versuchsdefinitionen zusammenpassen. Vielmehr warnt lint nur, wenn die Typen
nicht übereinstimmen.

Der für die Zusammenfassung der bei der getrennten Übersetzung erzeugten Objektdateien verwendete Binder kann in C nicht nachprüfen, ob das
Programmsystem konsistent ist. Daher ist es leicht möglich, daß zum Beispiel verschiedene Versionen einer Header-Datei mit möglicherweise sich
widersprechenden Makrodefinitionen verwendet werden. Dies kann zum
Beispiel dann passieren, wenn man eine Header-Datei ändert und nicht
alle benutzenden Dateien erneut übersetzt. Eine Überprüfung, wie sie das
Bibliothekskonzept von **Ada** ermöglicht (siehe 4.6), kann es hier nicht geben. Auch der Einsatz von Werkzeugen wie **make** kann die Gefahr nicht
ausräumen; **make** hilft beim „Machen" eines ausführbaren Programms.
Mit Hilfe einer Beschreibung der Abhängigkeiten zwischen Header-Dateien,
C-Quellen und Objektdateien und Zeitstempeln bestimmt **make** die Schrit-
te, die zur Herstellung eines konsistenten Systems erforderlich sind. Da die
Abhängigkeitsbeschreibung aber meist manuell erstellt wird, ist die Feh-
lerquelle nur verschoben.

4.5 Ausnahmen

Ada stellt zur Behandlung von Situationen, in denen die normale Programmausführung nicht fortgesetzt werden kann, ein eigenes Konzept, das
Konzept der Ausnahmebehandlung, zur Verfügung. In Ada kann man
Ausnahmen definieren und für diese und vordefinierte Ausnahmen Be-
handlungsroutinen erstellen. Ausnahmen können explizit durch eine raise-
Anweisung ausgelöst werden oder werden durch zur Laufzeit zu erkennende
Fehler wie Division durch Null ausgelöst. Tritt nun eine Ausnahme auf,
wird zunächst lokal nach einem Ausnahme-Behandler gesucht. Existiert
dieser, wird er ausgeführt. Andernfalls wird die Ausnahme an den Aufrufer beziehungsweise den umgebenden Block weitergereicht. Das Programm
bricht nur ab, wenn kein Ausnahme-Behandler gefunden wird. Nach der
Ausnahmebehandlung wird das Unterprogramm beziehungsweise der Block
normal verlassen. Die Ausnahme-Behandlung ist ein mächtiges Mittel zur
Implementierung fehlertoleranter Systeme mit Vorwärtsbehebung von Fehlern. Ausnahmen helfen, das Unerwartete zu erwarten. Erwartet zum
Beispiel das Steuerprogramm einer Verpackungsmaschine Füllmengen zwischen 0 und 100kg und meldet die Waage ein Gewicht von -1kg, wird das

Steuerprogramm diesen Wert nicht fälschlich als zum Beispiel sehr leicht interpretieren. Es sollte stattdessen eine Ausnahme ausgelöst werden, die etwa über die Fehlfunktion der Waage informiert und die Verpackungsmaschine zur nächsten Füllmenge übergehen läßt. Das System kann so unter Umständen mit gewissen Ausfällen weiterarbeiten (graceful degradation). Natürlich läßt sich ein vergleichbares Verhalten auch mit Programmen in anderen Sprachen erreichen. Es ist aber sehr viel mehr Programmieraufwand für explizite Plausiblitätsbetrachtungen bei den Werten und für die Behandlung von Fehlern notwendig.

In **C** ist die Programmierung von Systemen, die auch bei Fehlern der äußeren Umgebung sinnvoll weiter arbeiten, schwieriger. So liefern die Bibliotheksfunktionen von C wie **fopen** zwar als Ergebnis einen Indikator über den Erfolg. Das Ergebnis müßte aber stets überprüft werden. Dies wird häufig unterlassen. Die in C bei Fehlern häufig eingesetzten Mittel **longjump**, **signal** etc. sind nach Stroustrup ([Str87], S. 61) kein Ersatz für die Ausnahmebehandlung von **Ada**.

4.6 Bibliotheken und Bibliotheksverwaltung

In **Ada** müssen die Übersetzer die Einhaltung der Sprachregeln für Programme, die aus mehreren Übersetzungseinheiten bestehen, ebenso überprüfen wie für Programme, die nur eine Übersetzungseinheit umfassen. Daher müssen dem Übersetzer Informationen über die benötigten Übersetzungseinheiten zur Verfügung stehen. Dies setzt die Einhaltung einer bestimmten Übersetzungsreihenfolge und einer dem Übersetzer bekannten Verwaltung der Information voraus. Für die Informationsverwaltung verwendet eine Ada-Übersetzer eine Programmbibliothek. Solche Programmbibliotheken bilden eine gute Basis für eine Reihe von Werkzeugen zur Programmerstellung und zum Aufbau von verschiedenen sich gegenseitig benutzenden Softwarebibliotheken.

In **C** hingegen, das Dateien völlig unabhängig übersetzt, sind die Produkte von Übersetzungen im allgemeinen Objektdateien beziehungsweise die ausführbaren Dateien. All diese Dateien werden von dem Dateisystem des Betriebssystems verwaltet und können beliebig vom Anwender manipuliert werden. Auf die Objektdateien kann man eventuell vorhandene Werkzeuge des Betriebssystems anwenden. So lassen sich unter UNIX mit

ar Archive anlegen, die mehrere Objektdateien zu einer Bibliothek, die vom UNIX Binder **ld** benutzt werden kann, zusammenfassen. Bei Verwendung solcher Bibliotheken kann man aber einen Teil der sonst beim Binden von getrennt übersetzten Dateien üblichen Überprüfungen verlieren. In C sind Mehrfachdefinitionen globaler Unterprogramme nicht erlaubt und werden überlicherweise beim Binden festgestellt. Nur beim Arbeiten mit Bibliotheken, die durch **ar** erzeugt wurden (wie zum Beispiel die implizit verwendete Standardbibliothek), sind solche Mehrfachdefinitionen erlaubt. Beim Binden werden verbliebene unaufgelöste Referenzen in Abhängigkeit von der Reihenfolge, in der diese Bibliotheken aufgeführt werden, aus diesen befriedigt. Es wird dabei die erste passende Definition aus eventuell mehreren ausgewählt.

Die implizite Befriedigung offener Referenzen beim Binden kann leicht Unterlassungen verstecken. So könnte man sich bei der Definition einer Funktion verschrieben haben. Gibt es eine Funktion mit dem gewünschten Namen in einer der benutzten Bibliotheken, wird diese statt der beabsichtigen benutzt, ohne daß der Schreibfehler auffällt. Derselbe Effekt kann auch im Zusammenhang mit Makros auftreten, die üblicherweise in Header-Dateien definiert werden. Vergißt man eine solche Datei einzuschließen, ist es sehr wahrscheinlich, daß der Übersetzer auf Grund der impliziten Vereinbarungen keinen Fehler meldet. Gibt es nun eine Funktion in einer Bibliothek mit dem Makronamen, wird wiederum diese verwendet. Diese Unterlassung kann sich insbesondere bei der „Funktion" **getchar** aus der meist vorhandenen Header-Datei **stdio** auswirken. **getchar** ist dort üblicherweise, da C-Übersetzer Funktionen in der Regel nicht offen einbauen können, aus Gründen der Effizienz als Makro definiert. Unterläßt man, wie es häufig geschieht, den Einschluß von **stdio.h**, so wird das Makro nicht expandiert und es käme beim Binden zu einer unaufgelösten Referenz. Um den C-Programmierer zu unterstützen, gibt es aber in den meisten Standardbibliotheken eine gleichnamige Funktion. Das Programm ist also dennoch ausführbar, aber weniger schnell.

4.7 Beispiel: Eine Hash-Tabelle

Als Teil dieser Gegenüberstellung der Konzepte zur Programmierung im Großen geben wir im Anhang B noch ein vollständiges, etwas umfangreicheres Beispiel an. Dabei handelt es sich um ein Programm, das alle Bezeichner einer oder mehrerer Eingabedateien, die als Argumente beim Programmaufruf anzugeben sind, in eine Hash-Tabelle einfügt und ausgibt. Das Beispiel erläutert sowohl die Zerlegung eines Programms in mehrere Übersetzungseinheiten als auch den Zugriff auf externe Argumente eines Programms. Dieser Zugriff erfolgt in **C** und in dem verwendeten Ada-System[1] über ein Feld von Zeichenreihen. Das 0-te Element des Feldes **argv** enthält den Programmnamen, die weiteren Elemente enthalten die Argumente als Zeichenreihen. Das Hauptprogramm liest nacheinander die Eingabedateien und trägt mit Hilfe von Funktionen des Moduls **hash_table** die gelesenen Bezeichner in eine Hash-Tabelle ein, sofern sie nicht schon eingetragen sind. Bezeichner mit derselben Hash-Adresse werden in einer lexikographisch geordneten Liste in der Hash-Tabelle abgelegt. Das Beispiel zeigt, daß man sowohl in **Ada** als auch in **C** abstrakte Datenstrukturen bilden kann. Der Zugriff auf die Hash-Tabelle geschieht in dem Beispiel nur über entsprechende Zugriffsprozeduren.

Das C-Programm besteht aus den Dateien

mainht.c, ht.h und **ht.c.**

Das Ada-Programm besteht aus

mainht.a, htspec.a, htbody.a und **scanspec.a** sowie **scanbody.a.**

Das zusätzliche Ada-Modul **scan** realisiert die Eingabe von Bezeichnern, die in dem C-Programm zur Verkürzung des Beispiels mit Hilfe der Bibliotheksfunktion **fscanf** zur formatierten Eingabe geschieht. Allerdings behandelt **fscanf** alle Zeichenreihen, die kein Leerzeichen und keinen Zeilenvorschub enthalten, als Bezeichner. Hingegen extrahiert das Paket **scan** Zeichenreihen bestehend aus Buchstaben, Ziffern und dem Unterstrich. Die vollständigen Quellen sind im Anhang enthalten. Die beiden Programme sind annähernd gleich effizient.

---

[1] Es wurde der Ada-Übersetzer der Firma Alsys in der Version 1.81 für Rechner des Typs Sun 3 unter dem Betriebssystem SunOS verwendet.

4.8 Zusammenfassung

Wichtig bei der Bewertung der Eignung einer Sprache zur Programmierung im Großen ist die Gegenüberstellung der Sprachmittel zur Modularisierung und der Konstrukte zur Abstraktion. Unter Abstraktion ist hierbei zu verstehen, daß nur wesentliche Merkmale und Grundstrukturen von Objekten und Operationen über als Spezifikationen bezeichnete Schnittstellen hinweg zur Verfügung gestellt werden, und die Implementierung verborgen bleibt. Hierbei ist zwischen Datenabstraktion, funktionaler Abstraktion und Typenabstraktion zu unterscheiden.

Logisch ist ein Ada-Programm mit Hilfe von Unterprogrammen, Prozessen, Paketen und generischen Einheit strukturierbar. Zur physischen Strukturierung dienen die Übersetzungseinheiten. In C sind die Stukturierungsmöglichkeiten wesentlich eingeschränkter. Es gibt nur Dateien und Funktionen. Bei Einsatz des Vorübersetzers unterscheidet man noch zwischen Header-Dateien und den eigentlichen C-Quellen.

Zur funktionalen Abstraktion stellen **Ada** und C Unterprogramme zur Verfügung, zur Datenabstraktion dienen in **Ada** Pakete und in C Dateien. Typenabstraktion gibt es nur in **Ada** über generische Einheiten. In C kann man nur begrenzt Spezifikationen von Implementierungen getrennt festlegen. So ist es zum Beispiel erst in ANSI C möglich, in einer Funktionsdeklaration die formalen Parameter zu beschreiben. Andererseits erfordert das Verstecken von Information in Implementierungen in C spezielle Aktionen des Programmierers. Namen in Spezifikationen, das heißt in den Header-Dateien, müssen im Gegensatz zu Namen in den Paketspezifikationen von **Ada** im allgemeinen global eindeutig sein.

Beide Sprachen unterstützen die arbeitsteilige Software-Entwicklung, indem sie die getrennte Übersetzung von Einheiten erlauben. C hat aber eine unabhängige Übersetzung, die keine Überprüfungen zwischen Übersetzungseinheiten oder der Konsistenz des Systems erlaubt. In **Ada** besteht bezüglich der Typverträglichkeit zwischen Übersetzungseinheiten die gleiche Sicherheit wie in einem monolithischen Programm.

Durch das Konzept der generischen Einheiten sind die Anwendungsmöglichkeiten abstrakter Datentypen und Strukturen in **Ada** gegenüber Sprachen wie C wesentlich erweitert und gewährleisten ein hohe Wiederverwendbarkeit von Software-Bausteinen.

5 Prozesse

Viele Rechneranwendungen wie Flugbuchungssysteme und Automatisierungssysteme lassen sich sich einfacher und verständlicher durch nebenläufige Prozesse als durch ein sequentielles Programm realisieren. Anwendungen wie Telefonnetze müssen in irgendeiner Form Parallelität aufweisen. Die Sprache **Ada**, der wir uns zunächst zuwenden, wurde mit Blick auf solche Anwendungen entworfen. Es gibt daher in **Ada** ein Sprachkonstrukt, das es ermöglicht, Programme zu schreiben, deren Anweisungen parallel ablaufen können. Prozesse in **Ada**, sogenannte Tasks, sind wie Pakete in Spezifikation und Rumpf unterteilt. Prozesse sind selbst keine eigenständigen Übersetzungseinheiten, können aber in beliebigen Vereinbarungsteilen vereinbart werden. Die Kommunikation von Prozessen erfolgt in **Ada** über Aufrufe sogenannter Eingänge, die ein Ada-Prozeß nach außen zur Verfügung stellt, und Annahme-Anweisungen, welche die Aufrufe bearbeiten. Die Kommunikation in **Ada** ist asymmetrisch, da der Aufrufer eines Eingangs zwar den Empfänger benennen muß, dieser den Rufenden aber nicht kennt. Ein Prozeß wird aktiv vor der ersten Anweisung desjenigen Programmteils, in dem er vereinbart ist. Ein Prozeß beendet seine Ausführung, wenn alle Anweisungen des Prozeßrumpfes ausgeführt wurden. Der Prozeß terminiert aber erst, wenn alle eventuell vorhandenen von dem erzeugenden Block ebenfalls erzeugten Prozesse schon terminiert sind. Außerdem kann ein Prozeß durch eine Abbruch-Anweisung beendet werden. Ein abgebrochener Prozeß terminiert spätestens beim nächsten Synchronisationspunkt. Man kann in **Ada** auch Prozeßtypen definieren. So ist es möglich, über Zeigertypen Prozesse dynamisch zu erzeugen. Das Hauptprogramm selbst ist auch ein Prozeß.

Die Kommunikation zwischen Prozessen erfolgt in **Ada** über die Parameter von Prozeßeingängen, deren Vereinbarungen und Aufruf syntaktisch Unterprogrammen ähneln. Die Kommunikation wird durch das Rendezvous-Konzept synchronisiert. Der Prozeß, der einen Eingangsaufruf an einen anderen Prozeß absetzt, wird angehalten, bis der gerufene Prozeß den Aufruf annimmt. Dann wird der Aufruf behandelt, indem die Parameter des Aufrufs übergeben und die Anweisungen der Annahme-Anweisung ausgeführt werden. Eine Annahme-Anweisung muß wie ein Unterprogrammrumpf die Parameterspezifikation wiederholen. Zu jedem Prozeßeingang kann es im

Rumpf des Prozesses mehrere Annahme-Anweisungen geben. Nach Übergabe der Ergebnis-Parameter ist das Rendezvous beendet und die beiden Prozesse werden unabhängig voneinander fortgesetzt.   Umgekehrt wird ein Prozeß auch angehalten, der an eine Annahme-Anweisung gelangt. Mehrere Aufrufe desselben Eingangs werden in der Reihenfolge ihres Eintreffens bearbeitet. Mit Hilfe der select-Anweisung kann ein Prozeß auf mehrere Eingangsaufrufe gleichzeitig warten. Den Alternativen der select-Anweisung können Bedingungen vorangestellt werden.   Beim Eintreffen mehrerer Eingangsaufrufe wird eine beliebige, nicht durch die Sprachdefinition bestimmte Alternative ausgewählt, deren Bedingung zu Beginn der select-Anweisung erfüllt war. Eine select-Anweisung kann auch eine Beendigungs- oder eine delay-Alternative umfassen. Die Beendigungs-Alternative dient dazu, eine Menge von Prozessen gleichzeitig zu beenden. Die delay-Alternative ermöglicht es, die Zeit, die in der select-Anweisung auf einen Eingangsaufruf gewartet wird, zu begrenzen. Mit Hilfe bedingter und befristeter Eingangsaufrufe kann man umgekehrt verhindern, daß ein Prozeß, der ein Rendezvous beginnen will, unbefristet auf dieses Rendezvous warten muß.

Das folgende Beispiel definiert einen Pufferprozeß, der die Geschwindigkeitsunterschiede zwischen einem Zeichen produzierenden und einem konsumierenden Prozeß ausgleicht. Diese beiden aufrufenden Prozesse sind nur in Ausschnitten angedeutet:

```ada
-- Ada-Beispiel:
package BUFFERPACK is
   task BUFFER is
      entry READ (C : out CHARACTER);
      entry WRITE (C : in CHARACTER);
   end BUFFER;
end BUFFERPACK;

package body BUFFERPACK is
   task body BUFFER is
      POOL_SIZE : constant INTEGER := 10;
      POOL      : array (1 .. POOL_SIZE) of CHARACTER;
      COUNT     : INTEGER range 0 .. POOL_SIZE := 0;
      IN_INDEX,
      OUT_INDEX : INTEGER range 1 .. POOL_SIZE := 1;
```

```ada
  begin
    loop
      select
          when COUNT < POOL_SIZE =>
          -- Waechter, der sicherstellt, dass der
          -- Puffer nicht ueberlaeuft
            accept WRITE (C : in CHARACTER) do
                POOL (IN_INDEX) := C;
            end WRITE;
            IN_INDEX := IN_INDEX mod POOL_SIZE + 1;
            COUNT := COUNT + 1;
      or
          when COUNT > 0 =>
          -- Waechter, der sicherstellt, dass nicht
          -- aus leerem Puffer gelesen wird
            accept READ (C : out CHARACTER) do
                C := POOL (OUT_INDEX);
            end READ;
            OUT_INDEX := OUT_INDEX mod POOL_SIZE + 1;
            COUNT := COUNT - 1;
      or
          terminate;
      end select;
    end loop;
  end BUFFER;
end BUFFERPACK;

with BUFFERPACK; use BUFFERPACK;
with TEXT_IO;
procedure PRODUCER_CONSUMER is
  INPUT_FILE : TEXT_IO.FILE_TYPE;
  task PRODUCER;
  task CONSUMER;

  function GET_NEXT_CHAR (INPUT_FILE : in TEXT_IO.FILE_TYPE)
    return CHARACTER is
  begin
    ...
  end GET_NEXT_CHAR;
```

```ada
   task body PRODUCER is
   -- Teil des produzierenden Prozesses:
      CHAR       : CHARACTER;
      INPUT_FILE : TEXT_IO.FILE_TYPE;
   begin
      TEXT_IO.OPEN (INPUT_FILE, TEXT_IO.IN_FILE, "buf.inp");
      loop
      -- liefere das naechste Zeichen
         CHAR := GET_NEXT_CHAR (INPUT_FILE);
         -- Aufruf eines Eingangs von buffer:
         BUFFER.WRITE (CHAR);
         exit when CHAR = ASCII.EOT;
      end loop;
      TEXT_IO.CLOSE (INPUT_FILE);
   end PRODUCER;

   task body CONSUMER is
   -- Teil des konsumierenden Prozesses:
      CHAR : CHARACTER;
      OUTPUT_FILE : TEXT_IO.FILE_TYPE;
   begin
      TEXT_IO.CREATE (OUTPUT_FILE, TEXT_IO.OUT_FILE,
                      "buf.out");
      loop
         -- Aufruf eines Eingangs von buffer:
         BUFFER.READ (CHAR);
         -- verbrauche das naechste Zeichen
         TEXT_IO.PUT (OUTPUT_FILE, CHAR);
         exit when CHAR = ASCII.EOT;
      end loop;
      TEXT_IO.CLOSE (OUTPUT_FILE);
   exception
   when others =>
      TEXT_IO.PUT_LINE ("Exception raised in consumer");
   end CONSUMER;
begin
   -- producer, consumer und buffer werden in
   -- beliebiger Reihenfolge aktiviert;
   null;
end PRODUCER_CONSUMER;
```

Das Prozeßkonzept von **Ada** wurde hier nur in groben Zügen skizziert. Es
soll nur noch erwähnt werden, daß man Prozessen in **Ada** statisch eine Priorität zuordnen kann. Ein Prozeß mit niedriger Priorität darf einem Prozeß
mit höherer Priorität bei der Ablaufplanung nicht vorgezogen werden. Neben dem Rendezvous können Prozesse auch über gemeinsame Variablen
kommunizieren. In **Ada** ist es nicht möglich, eine Zuordnung der logischen
Ada-Prozesse zu realen Prozessoren zu formulieren.

Dagegen enthält die Sprache **C** keine Sprachkonstrukte zur Formulierung
paralleler Abläufe. C-Programme müssen sich hier auf das unterliegende
Betriebssystem abstützen. Da C insbesondere auf Rechnern mit dem Betriebssystem UNIX weit verbreitet ist, betrachten wir hier auch nur wie
man unter diesem System mit Prozessen umgeht. Zunächst gibt es in UNIX
Unterprogramme, die ein laufendes Programm mit einem neuen Programm
überlagern. So wird bei folgendem Aufruf

```
/* C-Beispiel: */
execl ("/bin/date", "date", NULL);
```

das laufende Programm mit dem Programm **/bin/date**, das das aktuelle
Datum ausgibt, überlagert. Nach der Ausführung von **/bin/date** endet
der Prozeß. Will man das laufende Programm retten, muß man es zunächst
duplizieren. Eine der beiden Kopien kann dann überlagert werden, während
die andere Kopie beispielsweise auf das überlagerte Programm wartet. Der
einzige Unterschied zwischen den beiden Kopien ist der Wert, den das Unterprogramm **fork** zum Duplizieren liefert. An den erzeugten neuen Prozeß
wird Null geliefert und an den Vaterprozeß die Prozeßnummer des erzeugten Prozesses.

```
/* C-Beispiel: */
if (fork() == 0)
    execl ("/bin/date", "date", NULL);
wait(&status);
```

Auch zur Kommunikation und Synchronisation von Prozessen muß man
sich auf das Betriebssystem abstützen. So stellt zum Beispiel das Betriebssystem UNIX System V Systemfunktionen zur Realisierung von gemeinsamen Speichersegmenten, Schnittstellen-Funktionen zur Einrichtung
und Verwaltung von Semaphorvariablen und zur Verwendung von Nach-
richtenwarteschlangen zur Verfügung. Auf all diese Funktionen können

C-Programme direkt zugreifen. Mit Hilfe von drei Semaphoren **voll**, **leer**
und **Zustand**, die mit **0**, **pool_size** beziehungsweise **1** initialisiert werden,
ließe sich das Erzeuger-Verbraucher-Problem schematisch wie folgt lösen:

```
/* Erzeuger */                    /* Verbraucher */
while (1) {                       while (1) {
   erzeuge Zeichen;                  p(voll);
   p(leer);                          p(Zustand);
   p(Zustand);                       hole Zeichen aus Puffer;
   puffere Zeichen;                  v(Zustand);
   v(Zustand);                       v(leer);
   v(voll);                          verbrauche Zeichen;
}                                 }
```

Ein allgemeiner Semaphor ist eine ganzzahlige Variable, die mit einer Warteschlange verbunden ist. Die Operationen **p** (holl. Passeren) und **v** (Vry-
geven) erlauben den Zugriff auf einen Semaphor. Der durch einen Semaphor
geschützte Bereich kann nur passiert werden, wenn die Semaphorvariable
größer als 0 ist, andernfalls wird der Prozeß in eine Warteschlange einge-
reiht. Beim Passieren wird die Variable erniedrigt. Beim Verlassen wird
die Semaphorvariable erhöht und ein eventuell auf sie wartender Prozeß
geweckt. Ein vollständige Formulierung dieses Beispiels sprengte hier den
Umfang.

Eine einfachere Lösung des Erzeuger-Verbraucher-Problems läßt sich mit
Hilfe des Pipe-Mechanismus von UNIX erzielen. Ein Fließband ist ein Ein-
/Ausgabekanal, der es zwei Prozessen erlaubt, miteinander zu kommunizieren. Ein Prozeß schreibt in diesen Kanal während der andere Prozeß
aus ihm liest. Das Betriebssystem gewährleistet die Pufferung der Daten
und Synchronisation des Zugriffs. Eine einfach zu benutzende Schnittstelle
bieten die Unterprogramme

```
/* C-Beispiel: */
FILE *popen(char *command, char *type)
int pclose(FILE *stream)
```

die in Abhängigkeit des Typs „w" oder „r" eine „pipe" zu oder von einem
Prozeß einführen, der das angegebene Kommando **command** ausführt.

Der Wert, der von **popen** zurückgeliefert wird, ist ein Zeiger auf den entpre-
chenden Ein- beziehungsweise Ausgabestrom. Ein Strom, der von **popen**
geöffnet wurde, sollte von der Funktion **pclose** geschlossen werden, die auf
die Beendigung des entsprechenden Prozesses wartet und den Rückgabewert des Kommandos liefert. Das folgende Beispiel gibt eine Liste aller
Dateien des aktuellen Katalogs aus, die den Suffix „.c" enthalten.

```
/* C-Beispiel: */
#include <stdio.h>
#define n 20
main()
{
    char *cmd = "ls *.c";
    char buf[n];
    FILE *ptr;
    if ((ptr = popen(cmd, "r")) != NULL) {
        while (fgets(buf, n, ptr) != NULL)
            (void) printf("%s ", buf);
        pclose(ptr);
    }
} /*main*/
```

Für das Erzeuger-Verbraucher-Problem kann man nun obige Unterprogramme entsprechend nachbilden. **pipe_open** erzeugt unter Verwendung
der Unterprogramme **pipe** und **fork** ein Fließband und einen Prozeß, der
auf dieses Fließband schreibt. Der lesende und der schreibende Prozeß
führen die als Parameter übergebenen Funktionen **reader** beziehungsweise
producer aus, die von der Standardein- und -ausgabe lesen beziehungsweise schreiben. Damit die Prozesse wie gewünscht über das Fließband
Daten austauschen, werden die durch **pipe** erzeugten Ein-/Ausgabekanäle
zwischen die Standardausgabe des einen Prozesses und die Standardeinga-
be des anderen gelegt. Die Funktion **pipe_open** liefert als Ergebnis den
Dateideskriptor zum Lesen des Fließbandes. Hiermit kann **pipe_close** das
Fließband schließen und auf die Beendigung des erzeugten schreibenden
Prozesses warten.

```c
/* C-Beispiel: */
#include <stdio.h>
#include <signal.h>
#include <sys/wait.h>

#define READ 0
#define WRITE 1

static int popen_pid; /* Prozessnummer (process-ID)
                         des Sohnprozesses */

static int pipe_open(writer, reader)
/* pipe_open erzeugt einen auf das Fliessband
   schreibenden Prozess und liefert den Dateideskriptor
   zum Lesen des Fliessbandes */
void (* writer)(), (* reader)();
{
    int p[2]; /* Dateideskriptor p[READ] bildet
                 lesende Seite des Fliessbands;
                 Dateideskriptor p[WRITE]
                 bildet schreibende Seite; */

    if (pipe(p) < 0) {
       perror ("creating pipe");
       return (-1);
    }
    if ((popen_pid = fork () ) == 0) {
       /* Sohn, der auf Fliessband schreibt */
       close(p[READ]);
       /* laesst Seite zum Schreiben auf das Fliessband */
       /* offen; assoziiert den Deskriptor des
          Fliessbandes mit der Standardausgabe: */
       /* schliesst die Standardausgabe, kopiert den
          Deskriptor fuer das Fliessband auf den Deskriptor 1
          (Standardausgabe) und schliesst den alten
          Deskriptor: */
       close(1); dup(p[WRITE]); close(p[WRITE]);
       (* writer)();
       close(p[READ]);
```

```c
      exit (0);
   }
   /* Vaterprozess */
   if (popen_pid == -1) {
      perror("creating process");
      return(-1);
   }
   close(p[WRITE]);
   /* assoziiert den Deskriptor des Fliessbandes mit der
      Standardeingabe: */
   close(0); dup(p[READ]); close(p[READ]);
   (* reader)();
   return (p[READ]);
} /*pipe_open*/

static int pipe_close (fd)
/* pipe_close schliesst das Fliessband fd und wartet auf die
   Beendigung des Sohnprozesses */
int fd;
{
   int status;
   extern int popen_pid;

   close(fd);
   /* Sollte waehrend des Wartens Unterbrechungen
      ignorieren */
   while ((status = wait(NULL)) != popen_pid && status != -1)
      ;
   return(status);
} /*pipe_close*/

static void producer()
/* producer schreibt Zeichen, die er von der Datei buf.inp
   gelesen hat, auf die Standardausgabe */
{
   int ch;
   FILE *fp, *fopen();

   if ((fp = fopen("buf.inp", "r")) == NULL)
      perror ("cannot open input file buf.inp");
   else {
```

```
      while ((ch = getc(fp)) != EOF)
         putchar(ch);
      fclose (fp);
  }
} /*producer*/

static void consumer()
/* consumer liest Zeichen von der Standardeingabe und
   schreibt sie auf die Datei buf.out */
{
   int ch;
   FILE *fp, *fopen();

   if ((fp = fopen("buf.out", "w")) == NULL)
      perror ("cannot open output file buf.out");
   else {
      while ((ch = getchar()) != EOF)
         putc(ch, fp);
      fclose (fp);
   }
} /*consumer*/

main() {
   int fd;

   fd = pipe_open (producer, consumer);
   pipe_close (fd);
   return (0);
} /*main*/
```

Wie man sieht, sind C-Programme, die mit Prozessen arbeiten, sehr betriebssystemabhängig. Daher gibt es verschiedene Ansätze zu entsprechenden Erweiterungen der Sprache ([GeRo89], [RiHa87]), die sich meist an das Rendezvous-Konzept von **Ada** anlehnen. Natürlich wird man bei den meisten Ada-Übersetzern ebenso betriebssystemnah programmieren können wie in **C**, wenn man dies unbedingt will. Andererseits ist **Ada** durch die Betriebsystemunabhängigkeit im Bereich der Prozeßverarbeitung gut für die Programmierung von Echtzeitsystemen geeignet, die in der Regel auf sogenannten nackten Maschinen, das heißt auf Maschinen ohne Betriebssystem, ablaufen.

6 Attribute und Übersetzerdirektiven

Attribute geben in **Ada** Auskunft über vordefinierte Eigenschaften von Typen beziehungsweise Objekten. Einige der Attribute sind Funktionen, die nach Typ- beziehungsweise Objektvereinbarungen zur Verfügung gestellt werden. Sie sind ein sicheres und elegantes Ausdrucksmittel. Attribute werden stets durch ein einzelnes Hochkomma gefolgt von einem Bezeichner benannt. Sie tauchten schon öfter in den vorangegangenen Kapiteln auf. Im folgenden werden einige der Attribute kurz vorgestellt.

Das Attribut 'ADDRESS
> liefert die Adresse eines Objekts, einer Programmeinheit, einer Marke oder eines Prozeßeingangs.

Das Attribut 'FIRST
> liefert zu einem skalaren Typ oder zu einem Feld den kleinsten Wert des Typs beziehungsweise die untere Grenze des erste Indexbereichs. Das Attribut **'FIRST(N)** liefert die untere Grenze des n-ten Indexbereichs eines mehrdimensionalen Feldes.

Das Attribut 'IMAGE
> ist für einen diskreten Typ eine Funktion, die zu einem Wert dieses Typs eine Zeichenreihe mit der Darstellung dieses Wertes liefert. Dieses Attribut wird oft zur Ausgabe von Variablenwerten innerhalb von Text verwendet wie etwa:

```
-- Ada-Beispiel:
type DAY is (MON, TUE, WED, THU, FRI, SAT, SUN);
TODAY: DAY;
...
PUT_LINE("Today is " & DAY'IMAGE(TODAY));
```

Das Attribut 'LAST
> liefert zu einem skalaren Typ oder zu einem Feld den größten Wert des Typs beziehungsweise die obere Grenze des erste Indexbereichs.

Das Attribut 'LAST(N) liefert entsprechend die obere Grenze des n-ten Indexbereichs.

Das Attribut 'LENGTH

liefert zu einem Feld die Anzahl der Elemente im ersten Indexbereich. 'LENGTH(N) liefert entsprechend die Anzahl der Elemente im n-ten Indexbereich.

Das Attribut 'RANGE

liefert für Felder den Indexbereich der ersten Dimension. Es ist zum Beispiel zum Durchlaufen eines Feldes sehr nützlich:

```
-- Ada-Beispiel:
for INDEX in V'RANGE loop
   PUT (INTEGER'IMAGE (V (INDEX)) & ",");
end loop;
```

Das Attribut 'RANGE(N) liefert den n-ten Indexbereich eines mehrdimensionalen Feldes.

Das Attribut 'SAFE_LARGE

liefert zu einem Gleitkommatyp die größte positive sichere Zahl des zugehörigen Basistyps. Sichere Zahlen sind genau diejenigen, welche sich exakt darstellen lassen. Das Attribut 'SAFE_LARGE wurde in 3.5.3.4 in dem Beispiel **tally** verwendet:

```
-- Ada-Beispiel:
MAXREAL : constant REAL := REAL'SAFE_LARGE;
MINREAL : constant REAL := - MAXREAL;
```

Das Attribut 'SIZE

liefert für ein Objekt oder einen Typ die Anzahl der Bits, die das Objekt belegt, beziehungsweise die minimale Anzahl von Bits, die benötigt werden, um jedes beliebige Objekt des Typs aufzunehmen.

Das Attribut 'STORAGE_SIZE

liefert zu einem Zeigertyp oder einem Prozeß die Anzahl von Speichereinheiten, die zur Aufnahme von zu diesem Zeigertyp allokierten

Objekten reserviert sind beziehungsweise für jede Aktivierung des
Prozesses allokiert werden.

Ein den Attributen vergleichbares Konzept gibt es in **C** nicht. In ANSI C
sind aber vordefinierte Header-Dateien vorgesehen, in denen Makros vereinbart sind, die Eigenschaften der Darstellung einiger Typen enthalten
sollen. So definiert **float.h** das Makro **DBL_MAX**, das den größten Wert
der reellen Zahlen mit doppelter Genauigkeit angibt.

In der Sprachbeschreibung von **Ada** werden auch einige Übersetzerdirektiven, sogenannte Pragmas, definiert. Pragmas sind Empfehlungen an den
Übersetzer. Hier seien nur einige der Pragmas erwähnt.

Das Pragma INLINE

weist den Übersetzer daraufhin, daß das genannte Unterprogramm
möglichst offen an den Aufrufstellen eingebaut werden soll. Dieses
Pragma kann man gut für kurze Unterprogramme einsetzen. Das
folgende Beispiel bestimmt zu einem Vektor **x** von **n** Zahlen die ma-
ximale Summe eines zusammenhängenden Untervektors mit einem
linearer Algorithmus. Die Funktion **max** zur Bestimmung des Ma-
ximums zweier Zahlen soll offen eingebaut werden.

```
-- Ada-Beispiel:
function MAXSUM (THE_VECTOR : in VECTOR)
return NATURAL is
   ACTUAL_MAX      : INTEGER := O;
   MAX_FROM_RIGHT : INTEGER := O;

   function MAX (F1,
                 F2 : in INTEGER) return INTEGER is
   begin
      if F1 < F2 then
         return F2;
      else
         return F1;
      end if;
   end MAX;
   pragma INLINE (MAX);
begin
   for INDEX in THE_VECTOR'RANGE loop
      MAX_FROM_RIGHT :=
         MAX (MAX_FROM_RIGHT + THE_VECTOR (INDEX), O);
```

```
        ACTUAL_MAX := MAX (ACTUAL_MAX, MAX_FROM_RIGHT);
   end loop;
   return NATURAL (ACTUAL_MAX);
end MAXSUM;
```

In C muß man solche „Unterprogramme" als Makro definieren, will
man den Aufwand zum Aufruf eines Unterprogramms sparen.

```
/* C-Beispiel: */
#include <stdio.h>

#define max(a, b) ((a) > (b)) ? (a) : (b)

int maxsum (v, leng)
int v[], leng;
{
    int     actual_max    = 0;
    int     max_from_right = 0;
    int     i;

    for (i = 0; i < leng; i++) {
        max_from_right = max (max_from_right + v[i], 0);
        actual_max = max (actual_max, max_from_right);
    } /*for*/
    return (actual_max);
} /*maxsum*/
```

Das Pragma INTERFACE

hat zwei Argumente, nämlich den Namen einer Sprache und den Namen eines vorher vereinbarten Unterprogramms. Es informiert den
Übersetzer, daß ein Objektmodul für dieses Unterprogramm mit den
Aufrufkonventionen der angegebenen Sprache von außen bereitge-
stellt wird. Die unterstützten Sprachen hängen natürlich von dem
jeweiligen Übersetzer ab.

Das Pragma PACK

weist den Übersetzer an, für den angegebenen zusammengeset-
zen Typ eine Darstellung zu wählen, die möglichst wenig Speicher
benötigt.

Das Pragma SUPPRESS
> ist ein weiteres wichtiges Pragma. Es weist den Übersetzer an, bestimmte Laufzeittests für bestimmte Vereinbarungsbereiche zu unterdrücken. So kann man bei der Programmentwicklung die Unterstützung der Laufzeittests von **Ada** zum Programmtest ausnutzen, braucht aber beim fertigen Produkt nicht die durch Tests möglichen Geschwindigkeitsreduzierung in Kauf zu nehmen.

In ANSI C ist eine Präprozessoranweisung **#pragma** eingeführt worden, die ebenfalls dem Übersetzer Anweisungen erteilen soll. Dabei ist aber die Ausfüllung dieser Anweisung vollständig den Übersetzerherstellern überlassen.

7 Qualität des erzeugten Codes

Ein häufig genannter Grund, die Sprache **Ada** nicht zur Programmierung zu verwenden, liegt in der vermuteten Ineffizienz des erzeugten Codes. Dies stimmt so allgemein jedoch höchstens für ältere Ada-Übersetzer. Die Laufzeiten sind für **Ada** bei vielen bekannten Benchmarks durchaus mit denen für **C** vergleichbar. In vielen C-Implementierungen gibt es überhaupt keinen Optimierer, in anderen wird er nicht benutzt, da Fehler befürchtet werden beziehungsweise sich das Programm nicht mehr vernünftig mit den vorhandenen Debuggern bearbeiten läßt ([De90]). In **Ada** ist durch die Sprachdefinition genau festgelegt, welche Programmeigenschaften von Optimierungsverfahren verändert werden dürfen und welche nicht. Die Sprachdefinition ist dabei sehr restriktiv, so daß bekannte Optimierungsverfahren, wie zum Beispiel die Codeverschiebung, nur sehr begrenzt zulässig sind. Daher kann es durch den Optimierer keine Überraschungen im Verhalten des Programms geben. Die Einhaltung der Sprachdefinition durch einen Ada-Übersetzer wird durch eine unabhängige, offizielle Einrichtung bescheinigt. Ada-Programme bieten dem Übersetzer auch mehr Informationen, die für die Optimierung verwendet werden können, als C-Programme. So können die durch die Sprache **Ada** erzwungenen Laufzeitüberprüfungen wie Indexgrenzenüberprüfung sicherlich besser optimiert werden als die von einem Programmierer von Hand in ein C-Programm eingefügten.

Der folgende Vergleich beruht auf drei Benchmarks,

- dem Dhrystone ([Wei88]),
- dem Whetstone ([CW76]) und
- den Hennessy-Tests ([Wei90]).

Der Dhrystone mißt die Laufzeiteffizienz für eine bei der Programmierung in einer höheren Programmiersprache als typisch angesehene Mischung von Anweisungen und der Whetstone die Effizienz für eine bei wissenschaftlichen Berechnungen typische Mischung. Beim Dhrystone ist allerdings der Anteil der Operationen auf Zeichenreihen fester Länge relativ hoch. Die Hennessy-Tests gehören ebenso wie der Dhrystone und der Whetstone zu der sogenannten PIWG-Testsuite der Performance Issues Working Group, einer Arbeitsgruppe Special Interest Group on Ada (SIGAda) der amerikanischen Association for Computing Machinery (ACM), die annähernd 200 Bewertungsprogramme für **Ada** umfaßt ([PIWG90]).

Da in **C** generell keine Überprüfungen zur Laufzeit wie Indexgrenzenüberschreitung durchgeführt werden und in den Benchmarks auch nicht von Hand eingefügt sind, sollte die Übersetzung der Ada-Programme ohne Erzeugung solcher Tests erfolgen, was mittels einer von den meisten Ada-Übersetzern angebotenen Option beziehungsweise mit der in **Ada** definierten Übersetzerdirektive **suppress** möglich ist. Außerdem ist es sinnvoll, für die Hennessy-Tests in **Ada** eine Variante mit inline-Direktiven zu verwenden. Vergleichbares ist in **C** nicht möglich und für **Ada** gibt es sogar Übersetzer, die automatisch Prozeduren offen an den Aufrufstellen einbauen.

Die im Anhang A zusammengefaßten Laufzeiten wurden auf einem Sony NWS-1850 mit Motorola 68030 Prozessor, MC68882 Coprozessor und einer Taktfrequenz von 25MHz sowie auf einem Sun 3/60 Rechner unter UNIX Version SunOS 4.0 mit Motorola 68020 Prozessor, MC68881 Coprozessor und 20MHz gemessen. Die Benchmarks wurden von dem jeweils verfügbaren C-Übersetzer beziehungsweise von dem Alsys Ada-Übersetzer Version 1.81 übersetzt. Die ermittelten Laufzeiten zeigen, daß man auch für Ada-Programme guten Code erzeugen und denen von vergleichbaren C-Programmen entsprechende Laufzeiten erzielen kann.

An diese Laufzeitvergleiche möchte ich einige Bemerkungen zu den Benchmarks selbst anfügen. Zwei der Benchmarks sind urspünglich in anderen Sprachen erstellt worden. So war der Whetstone ein Algol 60- und die Hennessy-Tests ein Pascal-Programm. Somit handelt es sich zwar nicht um typische Programme der Sprachen **Ada** und **C**, es gibt aber doch charakteristische Unterschiede. So ist zum Beispiel bei der für diesen Leistungsvergleich verwendeten Version des Tests **FFT** zur Fast Fourier Transformation aus den Hennessy-Tests bei der Übertragung einer Initialisierungsfunktion in **C** ein gravierender Fehler gemacht worden, der die Laufzeit verbesserte. An eine Prozedur, die Werte für die Initialisierung eines Feldes berechnen sollte, wurden zwei Parameter einfach als Wert und nicht explizit wie gefordert als Referenz übergeben. So wurden die aktuellen Parameter nicht verändert und die Feldelemente mit Null initialisiert.

Die Quelldateien[1] sind für die Ada-Programme nicht größer als für **C**, obwohl **Ada** mehr Schreibaufwand zu erfordern scheint. Ein Grund für dieses Ergebnis ist in dem Fehlen generischer Funktionen in **C** zu suchen. Bei den Hennessy-Tests müssen daher für ganze Zahlen und Gleitkommazahlen jeweils eigene Funktionen zur Matrixmultiplikation vereinbart werden. In **Ada** sind die beiden Tests Ausprägungen derselben generischen Matrixmultiplikation.

Wie zu erwarten ist, bekommt man die Vorteile, die **Ada** bietet, nicht umsonst. Die Übersetzungs- und Bindezeiten sind für **C** eindeutig besser, wobei die Zeiten für **Ada** auch von der Bibliothek, in die übersetzt wird, abhängen. Auf dem Sony-Rechner benötigt der C-Übersetzer 11s für den Hennessy-Test und das Ada-System mehr als 60s. Auf der Sun ist der Unterschied nicht so kraß, da der C-Übersetzer in der höchsten Optimierstufe langsam wird. Der C-Übersetzer braucht 60s und das Ada-System mehr als 80s. Der Geschwindigkeitsvorteil zu **Ada** wird aber wohl zum Teil in größeren Projekten während der Entwicklung mit seinen häufigen Nachübersetzungen von veränderten Teilen wieder ausgeglichen, da zu erwarten ist, daß Übersetzungseinheiten bei Ada-Programmen wegen der besseren Strukturierungsmöglichkeiten im allgemeinen kleiner sein werden als C-Programme.

Dieser Schluß, daß Ada-Übersetzer guten Code erzeugen, wird durch einen Vergleich der Leistungsfähigkeit von **Ada** und FORTRAN, der in [BH90] durchgeführt wurde, unterstützt. Die Autoren haben mit einer eigenen Testsuite, die auch den Dhrystone und Whetstone umfaßt, die Übersetzer DEC VAX FORTRAN Version 4.8 und VAX Ada Version 1.5 untersucht. Sie stellten fest, daß für die meisten getesteten Eigenschaften die Leistungsfähigkeit des von den beiden Übersetzern erzeugten Codes gleich war. Ein Vergleich von **Ada** mit Pascal aus dem Jahre 1987 in [BPTW91] kommt ebenfalls zu dem Schluß, daß es Ada-Übersetzer gibt, die im bezug auf die Laufzeit ebenso guten Code erzeugen wie der als Referenz ausgewählte Pascal-Übersetzer.

---

[1] Hier wird die Größe in Anzahl der Textzeilen gemessen. In [GMR89] wird hingegen vorgeschlagen, für Sprachen, die das Semikolon als Anweisungsbegrenzer verwenden, nicht eingebettete Semikolons außerhalb von Kommentaren zu zählen. [Win90] stellt einen bei Siemens verwendeten Standard vor, der zwischen Brutto- und Nettogröße unterscheidet. Ersteres umfaßt alle Quellzeilen, letzteres alle Zeilen, die Anweisungen oder Deklarationen enthalten.

8 Zukünftige Entwicklungen

Sowohl **Ada** als auch C werden weiterentwickelt. Die Weiterentwicklung
von **Ada** unter Federführung des Ada Joint Program Office (AJPO) heißt
Ada 9X ([Ada9X]), wobei X für das Jahr steht, indem die Normung ihren
Abschluß findet. Eine gerade genormte Weiterentwicklung von C liegt mit
ANSI C vor. Es gibt auch einige objektorientierte Erweiterungen von C
wie zum Beispiel die Sprache C++ ([Str86]).

8.1 ANSI C

Seit 1989 gibt es eine überarbeitete Version der Sprache C, die auch als
ANSI-Standard akzeptiert wurde. Das schon vor dem formalen Abschluß
der Standardisierung erschienene Buch [KR88] ist eine gemäß diesem Standard überarbeitete und verbesserte Fassung von [KR78]. Diese ältere Version der Sprache wird oft auch zur Unterscheidung von ANSI C als K&R-
Standard bezeichnet.

In ANSI C wurden eine Reihe von Konzepten aufgenommen, die die mei-
sten C-Übersetzer schon seit Jahren unterstützten, wie die Zuweisung von
Verbunden und die Aufzählungstypen. Die wesentliche Neuerung besteht
jedoch in der Einführung von sogenannten Prototypen an Stelle der alten
Funktionsdeklarationen. In dem Prototyp kann man die Anzahl und den
Typ der Parameter der Funktion angeben:

```
/* ANSI C-Beispiel: */
void f (double i); /* Deklaration: "Spezifikation" */

void f (double i)  /* Definition:  "Rumpf"          */
{
   ...
}
```

So kann der Übersetzer wesentlich mehr Überprüfungen vornehmen als bei
der alten Syntax. Zur Erhaltung der Aufwärtskompatibilität sind die alten
Funktionsdeklarationen aber noch erlaubt.

In C muß man häufig auf die Ersetzungsmöglichkeiten, die der Vorübersetzer bietet, zurückgreifen. Dies macht Programme unter anderem dadurch schwerer lesbar, daß die Gültigkeitsbereiche für Makronamen und
Programmbezeichner nicht übereinstimmen. In ANSI C gibt es ein neues
Schlüsselwort **const** als weiteren Typspezifikator, der angibt, daß ein Objekt dieses Typs nicht geändert werden darf. So benötigt man in ANSI C
zumindest für symbolische Konstanten keine Makros mehr.

Des weiteren wurden einige Punkte, die in C unscharf definiert waren,
präzisiert. So sind in ANSI C die Ziffern 8 und 9 für oktale Zahlen verboten,
was Flüchtigkeitsfehler des Programmierers in diesem Bereich überprüfbar
macht. Zur Verbesserung der Portabilität von C-Programmen kann man
bei Konstanten nun explizit angeben, ob sie vorzeichenbehaftet sein sollen
oder nicht.

Die Namensräume für Komponentennamen der einzelnen Verbunde und
Varianten sind in ANSI C wie schon bei den meisten C-Übersetzern getrennt, so daß verschiedene Verbunde beziehungsweise Varianten gleichnamige Komponenten haben können. Bei Varianten ist eine Initialisierung
der ersten Alternativen erlaubt.

8.2 Die objektorientierte Sprache C++

Die Sprache C++ wurde von B. Stroustrup bei den Bell Telephone Laboratories von AT&T in den achtziger Jahren entwickelt. Die Entwicklungen
von C++ und ANSI C haben sich gegenseitig befruchtet. Die Sprache C++
([Str86]) ist eine objektorientierte Erweiterung von C. Somit ist C++ eine
Hybridsprache, die prozedurale und objektorientierte Konzepte vereinigt.

Zu den Erweiterungen gegenüber C gehören der offene Einbau von Funktionen, das Überladen von Funktionen, Konstanten, Operationen zur Speicherverwaltung, eine neue Syntax zur Vereinbarung von Funktionen und
Überprüfung der Funktionsargumente, die auch für ANSI C übernommen
wurde, Referenzparameter und formatierte Ausgabe. Versuchsdefinitionen

gibt es nicht mehr. Und natürlich gibt es bei einer objektorientierten Sprache Klassen, die eine Unterscheidung zwischen allgemeinen Eigenschaften
einer Basisklasse und speziellen Eigenschaften der abgeleiteten Klassen erlauben.

Stroustrup selbst kritisiert in [Str87] den Umgang mit dem Adjektiv objektorientiert. Es würde häufig nur als Synonym für gut verwendet. Daher
soll vor der Übersicht über C++ kurz erläutert werden, was im folgenden
unter objektorientiert verstanden werden soll.

8.2.1 Objektorientiertes Programmieren

Das Adjektiv objektorientiert ist in den letzten Jahren zu einem Modewort geworden, das die Lösung aller Probleme bei dem „Programmieren im
ganz Großen" verspricht. Trotz des häufigen Gebrauchs ist der Begriff aber
nicht klar definiert und jeder scheint seine eigene Definition zu haben. Wir
geben daher eine mögliche Definition der Begriffe objektorientierter Softwareentwurf und objektorientierte Sprache an, was auch objektorientierte
Programmierung festlegt.

Nach ([Boo86]) bezeichnet *objektorientierter Entwurf* eine Technik, die die
Modularisierung von Software an Hand der Klassen von Objekten, die das
System manipulieren soll, vornimmt. Jedes Modul des Software-Systems
bezeichnet dann ein Objekt oder eine Klasse von Objekten des Problembereichs. Bei dieser Entwurfstechnik wird also nicht gefragt, was das System
tun soll, sondern welche Objekte relevant sind. Die grundlegende Idee dabei
ist, daß die Klassen der betroffenen Objekte über einen langen Zeitraum
unverändert bleiben, die Aktionen sich aber ändern können. Eine graphische Benutzeroberfläche wird meist mit Fenstern, Menus usw. umgehen.
Die funktionalen Anforderungen, die man an eine Benutzeroberfläche stellt,
können sich aber im Laufe der Zeit ändern. So erhofft man sich von einem
objektorientierten Entwurf mehr Änderungsfreundlichkeit der so entwickelten Software. Abstrakte Datentypen, die eine Klasse von Objekten über
ihre nach außen relevanten Eigenschaften, also im wesentlichen durch die
möglichen Operationen, beschreiben, sind ein Hilfsmittel des objektorientierten Entwurfs. Man kann sogar objektorientierten Entwurf wie in [Me87]
als Aufbau von Software-Systemen als strukturierte Sammlungen von Implementierungen abstrakter Datentypen auffassen.

Sprachen wie **Ada** unterstützen objektorientierten Entwurf, indem sie die Implementierung abstrakter Datentypen mit Hilfe von Paketen und privaten Typen ermöglichen. *Objektorientierte Sprachen* wollen aber über abstrakte Datentypen hinaus eine bessere Unterstützung bei der Strukturierung von Objekten mit Hilfe des Konzepts der Vererbung bieten.

Bei Sprachen ist es nun sinnvoll, zwischen *objektbasiert* und *objektorientiert* zu unterscheiden. Zunächst führen wir ein, was wir unter objektbasiert verstehen wollen.

> *Eine Sprache, die den Umgang mit Objekten unterstützt, heißt objektbasiert. Objekte bestehen dabei aus einer Menge von Operationen und einem Zustand, der nur durch die Operationen verändert werden kann.*

Damit haben wir gerade die Datenabstraktion. **Ada** ist in diesem Sinne also objektbasiert. Auf diesem Begriff aufbauend wird in dem Artikel [CaWe85], der eine gute, fundierte Einführung in die Begriffsbildung bietet, objektorientiert wie folgt definiert:

> *Eine Sprache heißt genau dann objektorientiert, wenn sie*

- *objektbasiert ist,*
- *Objekte jeweils zu einem Objekttyp, einer sogenannten Klasse, gehören und*
- *Typen Eigenschaften von Basistypen erben können.*

Das Konzept der Vererbung soll es erleichtern, Teile eines Programms durch die Erweiterung schon existierender Teile zu entwickeln. Es zielt damit auf eine Erhöhung der Wiederverwendbarkeit von Software-Bausteinen ab.

Die in den sechziger Jahren von Dahl und Nygaard in Norwegen entwickelte Sprache SIMULA ist die erste objektorientierte Sprache. Sie ist älter als der Begriff selbst. Die Sprache Smalltalk ist die erste Sprache, die bewußt als objektorientierte Sprache entwickelt wurde.

8.2.2 Übersicht über die Sprache C++

Die Entwicklung von C++ ist noch nicht abgeschlossen. Die derzeit verbreitetste Version von C++ ist die Version 2.0 der Firma AT&T, deren

Mitarbeiter, B. Stroustrup, der Erfinder von C++ ist. Unterdessen ist
zwar auch eine neuere Version 2.1 verfügbar, jedoch werden wir uns im
folgenden auf die Version 2.0 beziehen. Für die Beispiele wurde das auf
dieser AT&T Version 2.0 basierende Turbo C++-System, Version 1.0, der
Firma Borland benutzt.

Wie wir gesehen haben, bietet C wenig Möglichkeiten zur Strukturierung
von Programmen. Es gibt nur Funktionen und Dateien, wobei man noch
zwischen Header-Dateien und den eigentlichen C-Quellen unterscheiden
kann. So ist es in C nicht möglich, Datenstrukturen und zugehörige Operationen zu einer Einheit zusammenzufassen. In C++ ist diese Zusammenfassung mit den neu eingeführten Klassen möglich. Klassen sind benutzerdefinierte Typen. Eine Klasse ähnelt dabei syntaktisch einem Verbund in
C, wobei aber als wesentlicher Unterschied auch Unterprogrammvereinba-
rungen als Komponenten, sogenannte Elementfunktionen, zugelassen sind.
Eine Klassenvereinbarung wird nun mit dem neuen Schlüsselwort **class**
eingeführt:

```
// C++-Beispiel:
class Klasse {
...
};


Klasse Instanz; // Variable des "Typs" Klasse
```

Der Name einer Klasse ist ein Typ, so daß nicht wie bei Strukturen in C
das Schlüsselwort **class** in Vereinbarungen wiederholt werden muß. Ähnlich wie für Pakete in **Ada** gibt es bei Klassen einen für den Benutzer
sichtbaren und einen nur in der Implementierung zugreifbaren Teil. Die
Zugreifbarkeit von Komponenten einer Klasse kann mit Hilfe der Spezifikatoren **public**, **protected** und **private** verändert werden. Öffentliche
Komponenten sind uneingeschränkt in allen Unterprogrammen innerhalb
desselben Gültigkeitsbereichs wie die Klasse selbst zugreifbar, geschützte
Komponenten sind nur in Elementfunktionen derselben Klasse und abgeleiteter Klassen zugreifbar. Für private Komponenten ist die Zugreifbarkeit
allein auf Elementfunktionen der Klasse selbst eingeschränkt. Auf die privaten Teile dürfen allerdings auch sogenannte Freunde zugreifen. Freunde
von Klassen sind Funktionen oder Klassen, die zwar keine Komponenten
der Klasse sind, aber volle Zugriffsrechte zu den privaten und geschützten

Teilen der befreundeten Klasse haben. Befreundete Funktionen sind zum Beispiel für die Vereinbarungen von Verknüpfungen zweier Objekte einer Klasse mit überladenen Operationen wie + sinnvoll. Auf den Begriff der abgeleiteten Klasse kommen wir später zu sprechen.

Für die Vereinbarung von Elementfunktionen gibt es zwei verschiedene Möglichkeiten:

- Man kann die Definition einer Elementfunktion direkt innerhalb der Klassenvereinbarung vornehmen.
- Man deklariert die Funktion (im Stile von ANSI C) innerhalb der Klasse und nimmt die eigentliche Definition außerhalb vor.

Im ersten Fall wird die Elementfunktion grundsätzlich offen eingebaut, im zweiten Fall nur, wenn dies explizit mit Hilfe des neuen Funktionsspezifikators **inline** gefordert wird. Dieser Spezifikator erzwingt den offenen Einbau der vereinbarten Funktion an den Aufrufstellen. Damit braucht man in C++ nicht nur zur Definition von Konstanten wie schon in ANSI C, sondern auch zur Verbesserung des Laufzeitverhaltens bei Verwendung kurzer Unterprogramme keine fehleranfälligeren Makros mehr zu verwenden. Eine solche Unterstützung ist in C++ auch besonders sinnvoll. Da bei Klassen im allgemeinen die Datenelemente privat sind, gibt es viele Zugriffsfunktionen, die nur den Wert eines Elements selektieren. Gerade für solche Funktionen ist ein offener Einbau aus Effizienzgründen unverzichtbar.

Es gibt zu jeder Klasse zwei spezielle Elementfunktionen, die implizit oder explizit vereinbart und aufgerufen werden können. Dies sind ein Konstruktor, zur Bereitstellung von Speicherplatz für die Daten der Instanz einer Klasse und deren Initialisierung, und ein Destruktor. Wir gehen hier nicht näher auf diese Funktionen ein.

Der Aufruf von Elementfunktionen kann jeweils nur über eine Variable der Klasse, eine sogenannte Instanz, erfolgen:

```
// C++-Beispiel:
Instanz.Elementfunktion(...);
```

Wie schon in C üblich ist es bei C++ sinnvoll, Klassenvereinbarungen in Header-Dateien zusammenzufassen und eventuell vorhandene externe Definitionen von Elementfunktionen in den eigentlichen Quellen zu verstecken.

Soweit bisher beschrieben bringen die Klassen von C++ nicht mehr als
Pakete in **Ada**. Diese Verwandtschaft soll die folgende Formulierung des
Ada-Pakets **rational_numbers** in C++ demonstrieren:

```cpp
// C++-Beispiel:
// Datei rational.h
class rational {
public:
    int numerator, denominator;
    friend int operator==(rational, rational);
    friend rational div(int, int);
    ...
}; // rational_numbers



// Datei rational.cpp
#include "rational.h"

static void same_denominator (rational &xr, rational &yr)
// xr und yr sind Referenzen auf rational Objekte,
// call by reference in C++
{
    ...
} // same_denominator

int operator==(rational x, rational y)
{
    same_denominator (x, y);
    return (x.numerator == y.numerator);
} // operator==

rational div(int x, int y)
{
    rational tmp;

    if (y > 0)
    {
        tmp.numerator = x; tmp.denominator = y;
    }
```

```
    else
    {
        tmp.numerator = -x; tmp.denominator = -y;
    } // if
    return tmp;
} // div
```

Eine Anwendung der Klasse **rational** läßt sich wie folgt skizzieren:

```
// C++-Beispiel:
#include <iostream.h> //neue Klasse zur Ein-/Ausgabe in C++
#include "rational.h"

rational x, y;

if (x == y)
    cout << "x == y\n";
```

Der entscheidende Unterschied zu den Paketen von **Ada** liegt im Konzept
der Vererbung. Es ist in C++ möglich, aus vorhandenen Klassen neue
Klassen abzuleiten, an welche die Komponenten der vererbenden Klasse,
der Basisklasse, weitergegeben werden. Eine abgeleitete Klasse „erbt" Eigenschaften der Basisklasse. Eine abgeleitete Klasse kann nun vorhandene
Elementfunktionen neu definieren und ganz neue Komponenten einführen.
Mit Hilfe dieses Konzepts kann eine ganze Hierarchie von Klassen wie in
der Biologie bei der Klassifikation der Arten aufgebaut werden. Es ist sogar möglich, daß eine Klasse „Eigenschaften" zweier Klassen erbt. Diese
Möglichkeit der Mehrfachvererbung wurde in die C++ Version 2.0 von
AT&T eingeführt. Syntaktisch wird Vererbung durch Auflistung der Ba-
sisklassen angegeben:

```
// C++-Beispiel:
class Klasse: Basisklasse {

...

}
```

Ein weiteres wichtiges Stichwort im Zusammenhang mit Klassen ist Polymorphie. In [CaWe85] ist eine polymorphe Funktion als eine Funktion

definiert, deren Operanden mehr als einen Typ haben dürfen. Eine Elementfunktion darf in C++ in verschiedenen Gestalten innerhalb einer Klassenhierarchie vorkommen. Das heißt, innerhalb einer Klassenhierarchie kann derselbe Name für verschiedene Unterprogramme mit jeweils gleicher Schnittstelle vergeben werden. Polymorphie wird insbesondere im Zusammenhang mit virtuellen Funktionen interessant. Mit dem neuen Funktionsspezifikator **virtual** kann man in C++ zwischen statischer und dynamischer Bindung von Elementfunktionen wählen. Bei statischer Bindung steht für jeden Funktionsaufruf schon zur Übersetzungszeit fest, um welche Funktion es sich bei der gerufenen handelt. Bei dynamischer Bindung kann dies erst zur Ausführungzeit an Hand des Typs des betroffenen Objekts festgestellt werden. Ein simples Beispiel soll dieses Konzept erläutern. Zur Verkürzung des Textes sind alle Unterprogramme innerhalb der Klasse definiert.

```
// C++-Beispiel:
#include <iostream.h>

class Viereck {
protected:
    float seite1, seite2, seite3, seite4;
    virtual float umfang_berechnung()
    {
        return seite1 + seite2 + seite3 + seite4;
    } // umfang_berechnung

public:
    float umfang ()
    {
        float tmp;

// Da umfang_berechnung virtuell ist, wird in Abhaengigkeit
// vom Typ der aktuellen Instanz ausgewaehlt, ob
//     Viereck::umfang_berechnung oder
//     Rechteck::umfang_berechnung
// aufgerufen wird:
        tmp = umfang_berechnung();
        cout << "Umfang: " << tmp << '\n';
        return tmp;
    } // umfang
```

```
   // constructor:
   Viereck (float s1=0, float s2=0, float s3=0, float s4=0)
   // Die Parameter sind mit dem Wert 0 vorbesetzt.
   {
       seite1 = s1; seite2 = s2; seite3 = s3; seite4 = s4;
   } // Viereck constructor
}; // Viereck

class Rechteck : public Viereck {
protected:
   float umfang_berechnung ()
   {
       return 2 * (seite1 + seite2);
   } // umfang_berechnung

public:
   Rechteck (float s1=0, float s2=0) // constructor
   {
       seite1 = s1; seite2 = s2; seite3 = s1; seite4 = s2;
   } // Rechteck constructor
}; // Rechteck
```

Es ist dann sinnvoll, eine Elementfunktion wie **umfang_berechnung** als
virtuell zu vereinbaren, wenn die Möglichkeit besteht, daß eine zukünftige
von der Basisklasse abgeleitete Klasse wie im obigen Beispiel etwa **Recht-
eck** eine neue Definition für die Elementfunktion angibt und die Basisklasse
selbst schon auf diesen neuen Programmcode zugreifen können soll. Der
Programmcode der Basisklasse muß somit nicht in der Unterklasse wiederholt werden. Polymorphie ermöglicht also die Faktorisierung eines Programms, das heißt, die Zusammenfassung der Beschreibung gemeinsamer
Eigenschaften der Klassen einer Hierarchie an nur einer Progammstelle.
Da statisch zu bindende Funktionen beim Aufruf etwas schneller sind als
virtuelle, sollte man virtuelle Funktionen nur dann verwenden, wenn die
Ausführungszeit im Vergleich zur Erweiterbarkeit eine untergeordnete Rolle
spielt. So benötigt man beim Aufruf einer virtuellen Funktion, auch wenn
die C++-Implementierungen sehr effizient sind, doch drei Speicherzugriffe
mehr als beim Aufruf einer statisch gebundenen Funktion ([Str87]).

Hiermit ist die kurze Übersicht über C++ abgeschlossen. Ein Hinweis
auf das Ein-/Ausgabekonzept von C++ soll aber nicht fehlen. Es ersetzt
die fehleranfällige Prozedur **printf** zur formatierten Ausgabe aus **stdio.h**.

In C++ gibt es eine eigene Bibliothek zur Ein-/Ausgabe über sogenannte
„streams". Die zur Benutzung notwendigen Vereinbarungen sind in der
Datei **iostream.h** zusammengefaßt. Die Klassen **istream** und **ostream**
beinhalten den Übergabeoperator >> beziehungsweise den Übernahmeope-
rator <<. Beide sind für die Standarddatentypen **int**, **long**, **double**, **char**
und **char** * definiert. Die Ausgabe der Zeichenreihe „Hallo" erfolgt dann
mittels folgender Anweisung:

```
// C++-Beispiel:
cout << "Hallo\n";
```

In obigem Beispiel hatten wir schon die Anweisung:

```
// C++-Beispiel:
int tmp;
...
cout << "Umfang: " << tmp << '\n';
```

Mit Hilfe des Stromkonzepts kann der Anwender den Übergabe- und Über-
nahmeoperator für eigene Datentypen überladen.

Wie wir schon gesehen haben, enthält C++ eine Reihe von Gemeinsam-
keiten mit **Ada**. Neben der neuen Form der Kommentare ist auch das
Überladen von Operationen und Operatoren hinzugekommen. Ähnlich wie
in **Ada** kann man in C++ Vorbesetzungen von Parametern bei Unterprogrammen angeben. Neben der Parameterübergabe als Wert kann man in
C++ Parameter auch als Referenzparameter vereinbaren, was den expli-
ziten (leicht fehleranfälligen) Umgang mit Referenzen wie in **C** an dieser
Stelle überflüssig macht.

8.3 Ada 9X

Ziel der 1988 begonnenen Sprachrevision von **Ada** ist die Anpassung der
Sprachdefinition an wichtige aktuelle Anforderungen der Ada-Anwender.
Bei dieser Modifikation der Sprache sollen bei allen angestrebten Verbesserungen doch die sich aus den Änderungen ergebenden Unannehmlich-
keiten für die bisherigen Ada-Anwender so gering wie möglich gehalten

werden. Alle Erweiterungen der Sprache sollen also effizient zu implementieren sein und bestehende Programme nur in Ausnahmefällen berühren. Zur Erfüllung dieser Zielsetzung wurden wie bei der Entwicklung des derzeitigen Standards (ANSI/MIL-STD-1815A, DIN 66268, [Ada83]), oft auch Ada 83 genannt, zunächst die Anforderungen an Ada 9X in einer öffentlichen, internationalen Diskussion bestimmt. Diese Phase hat 1990 mit einem „Revision Issues Document" ihren Abschluß gefunden. Dieses Dokument wurde dann zu dem eigentlichen „Ada 9X Requirement Document" überarbeitet. Insgesamt hat beziehungsweise wird das vom amerikanischen Verteidigungsministerium finanzierte Projekt folgende Stufen durchlaufen:

- Anforderungsanalyse,

- Erarbeiten eines neuen Standards,

- Standardisierung (ANSI und ISO),

- Einführung der neuen Sprache,

- Einführung einer neuen ACVC-Testsuite.

Das Projekt soll bis 1995 vollständig abgeschlossen sein.

Die Änderungsvorschläge betreffen im wesentlichen folgende Bereiche:

- Änderung einiger Festlegungen in **Ada**, die sich als von den Benutzern nicht akzeptierte oder aus Sicht der Sprache unnötige Einschränkung erwiesen haben,

- objektorientiertes Programmieren,

- Programmieren im Großen,

- Echtzeitprogrammierung.

Bei der Definition des Ada-Standards wurde großer Wert darauf gelegt, die Bezeichnung Ada-System für Übersetzer, die nur eine Teilmengen des gesamten Sprachumfangs abdecken, zu verbieten. Dies hat oft zu dem Vorwurf geführt, Ada-Programme, die zum Beispiel keine Prozesse verwenden, seien unnötig schwerfällig, da entsprechende Mechanismen trotzdem im Laufzeitsystem vorhanden sein müßten. Dies hat mit zur Abtrennung einiger der bei Ada 9X hinzugekommenen Anforderungen in Anhänge zum Sprachstandard geführt. Anforderungen, die typisch für spezielle Klassen von Anwendungen sind, müssen nicht von allen Systemen unterstützt werden. Andernfalls könnte es bei der Implementierung dieser neuen Anforderungen auf bestimmten Rechnern sogar zu Problemen kommen. Zum

Beispiel kann die Einhaltung der in Ada 9X geforderten harten Zeitgrenzen für Echtzeitanwendungen auf typischen Großrechnern, die auf hohen
Durchsatz ausgelegt sind, nicht erfüllt werden.

Parallel zu den Überlegungen zu Ada 9X gibt es Bestrebungen, **Ada** um
spezielle Mechanismen zur Unterstützung von Echtzeitprogrammen wie
asynchrone Kommunikation zu erweitern. Diese Überlegungen werden von
der Ada Run Time Environment Working Group (ARTEWG), einer Arbeitsgruppe Special Interest Group on Ada (SIGAda) der amerikanischen
Association for Computing Machinery (ACM), getragen und in einem CIFO
(*Catalogue of Interface Features and Options for the Ada Run Time Environment*) genannten Katalog zusammengefaßt ([CIFO]). Hier gehen wir
aber nur auf Ada 9X ein, da vermutlich andere Bestrebungen in dieser
Weiterentwicklung aufgehen werden.

8.3.1 Ada 9X und objektorientiertes Programmieren

Die Erweiterungen von **Ada** zur besseren Unterstützung der objektorientierten Programmierung bauen auf dem schon in Ada 83 im Zusammenhang
mit abgeleiteten Typen vorhandenen Vererbungsmechanismus auf. Ein von
einem Vatertyp abgeleiteter Typ hat in **Ada** dieselben Werte, Operationen, Literale usw. wie sein Vatertyp. Er erbt diese Eigenschaften, wird
aber logisch vom Vatertyp unterschieden. In Ada 9X wird dieser Vererbungsmechanismus insbesondere auf einen neu eingeführten Typ, den Typ
tagged record, erweitert. Bei der Bildung eines von einem **tagged record** abgeleiteten Typs, kann man letzteren um Operationen und auch um
neue Komponenten erweitern. Ererbte Operationen können durch neue
Implementierungen verdeckt werden. Mehrfachvererbung wie in C++ gibt
es allerdings nicht. Ohne näher darauf einzugehen sei aber erwähnt, daß
eine eingeschränkte Form der Mehrfachvererbung im Zusammenhang mit
generischen Einheiten möglich ist. In Ada 9X bilden alle von einem Typ
direkt oder indirekt abgeleiteten Typen zusammen mit diesem Wurzeltyp
eine sogenannte Klasse. Jede solche Typenklasse wird durch einen universellen Typ repräsentiert, der mit Hilfe des neu eingeführten Attributs
'**class** bezeichnet werden kann. Universelle Typen ermöglichen es, zum
Beispiel Zeiger auf Elemente einer Klasse solcher Typen und nicht nur auf
Elemente eines einzigen Typs zu definieren und Unterprogramme, welche
die Elemente von Typenklassen als Parameter akzeptieren, zu bilden. Dynamisches Binden ist in Ada 9X mit Hilfe der universellen Typen ähnlich

wie in C++ durch virtuelle Funktionen möglich. Die Auswahl des Unterprogramms erfolgt dann zur Laufzeit an Hand des **tags** eines **tagged records**. Des weiteren kann man in Ada 9X wie in C Prozeduren auch indirekt über Zeiger aufrufen. Durch diese Erweiterungen bieten sich in **Ada** ähnliche Möglichkeiten wie in C++. Ada 9X wird in unserem Sinne eine objektorientierte Sprache sein.

8.3.2 Ada 9X und Programmieren im Großen

Zur Reduzierung der erforderlichen Nachübersetzungen nach Änderungen beim Programmieren im Großen soll es in Ada 9X möglich sein, einzelne Bibliothekseinheiten hierarchisch zu strukturieren. Eine Bibliothekseinheit kann als „Kind" einer anderen vereinbart werden. Änderungen eines Kindes machen im allgemeinen keine Nachübersetzungen des Vaters oder von Einheiten, welche die Vatereinheit über Kontextklauseln benutzen, erforderlich.

8.3.3 Ada 9X und Echtzeitprogrammierung

Zur Unterstützung der Echtzeitprogrammierung wird es in Ada 9X möglich sein, den Zugriff auf gemeinsame Daten ohne die Einführung eigener Ada-Tasks zu synchronisieren. Eine datenorientierte Synchronisation kann über eine neue Programmeinheit, den sogenannten **protected record**, erfolgen. Ein **protected record** umfaßt Daten und Zugriffsoperationen, welche sich wie Monitor-Routinen gegenseitig ausschließen.

8.3.4 Anhänge zur Sprachdefinition von Ada 9X

Die für eine Vielzahl unterschiedlicher Anwendungen jeweils notwendigen Anforderungen sind in entsprechenden Anhängen zur Sprachdefinition von Ada 9X zusammengefaßt. Es steht dem Übersetzerhersteller zwar frei, diese Anhänge nur teilweise oder gar nicht zu implementieren. Wenn er sie aber anbietet, muß er sich an den Standard halten. So soll die Portabilität innerhalb einer Anwendungsklasse erreicht werden. Anhänge sind für folgende Anwendungsbereiche vorgesehen:

- Echtzeitanwendungen,
- Informationssysteme,
- verteilte Systeme,
- sicherheitskritische Anwendungen,
- numerische Anwendungen.

Ein Anhang kann Erweiterungen zum Beispiel in Form vordefinierter Pakete, zusätzlicher Übersetzerdirektiven und Attribute, Darstellungsbeschreibungen und Performance-Anforderungen an das Ada-System enthalten.

Zum Beispiel führt der in [Ada9X] vorgeschlagene Anhang über Echtzeitanwendungen unter anderem ein Paket **dynamic_priority_support** ein, das über entsprechende Unterprogramme die Änderungen von Prozeßprioritäten zur Laufzeit ermöglicht. In Ada 83 kann man Prozessen nur statisch eine Priorität zuordnen.

In dem Anhang zu Informationssystemen sind Pakete zur Dezimalarithmetik und Zeichenreihen variabler Länge vorgesehen.

Der Anhang über verteilte Systeme führt das Konzept der aktiven und passiven Partitionen ein. Bisher führte bei Ada 83 die Verteilung von Ada-Programmen über mehrere Rechner ohne gemeinsamen Speicher meist zu Problemen. Ada 9X soll daher eine bessere Unterstützung für verteilte Systeme anbieten. In Ada 9X besteht nun eine Programm aus einer oder mehreren aktiven und beliebig vielen passiven Partitionen. Die aktive Partitionen modellieren Programmteile, die auf einem Rechner ausgeführt werden sollen. Passive Partitionen modellieren eventuell vorhandenen gemeinsamen Speicher. Die Kommunikation zwischen aktiven Partitionen auf verschiedenen Rechnern erfolgt über sogenannte Fernaufrufe.

8.4 Zusammenfassung

Die Sprachen C++ und Ada 9X sind beide objektorientiert und bieten dem Programmierer in diesem Bereich vergleichbare Ausdrucksmöglichkeiten. Trotz dieser Gemeinsamkeit bestehen jedoch viele der Unterschiede

der unterliegenden Sprachen C und Ada 83 fort. So bietet die Sprache
C++ gegenüber C zwar eine entscheidende Verbesserung für das Programmieren im Großen. Beim Programmieren im Kleinen programmiert man
aber in C++ mit denselben lexikalischen Elementen und Anweisungen wie
in C. Daher sind C++-Programme im allgemeinen schwerer lesbar als vergleichbare Ada-Programme. Auch in C++ gibt es keine Laufzeitprüfun-
gen, was die Fehleraufdeckung erschwert. Die Beschreibung von C++ läßt
wie diejenige von C viele Details offen, um dem Übersetzerhersteller mehr
Flexibilität zur Erzeugung von gutem Maschinencode zu lassen und dem
Programmierer eine direkte Manipulation der Hardware zu erlauben. Auch
wenn diese Implementierungsabhängigkeiten bei C++ besser hervorgeho-
ben sind als bei der C-Beschreibung, bergen sie doch die Gefahr von Por-
tierungsproblemen. Des weiteren erlauben es auch die Erweiterungen von
C++ nicht, daß man bei der Strukturierung großer Software-Systeme auf
einen Vorübersetzer verzichten könnte. Die Zerlegung in Header-Dateien
und Quellen ist in C++ bloße Konvention und ermöglicht keine so klare
Strukturierung von Software-Systemen wie in **Ada**.

Trotz der konzeptionellen Erweiterungen von C++ gegenüber C erfüllt
diese Sprache die Anforderungen aus der Softwaretechik nicht im gleichen
Umfang wie **Ada**. Fairley beschreibt in [Fa85] die Anforderungen an moderne Sprachen aus der Sicht der Softwaretechnik wie folgt:

> *„Modern programming languages provide a variety of features to
> support development and maintenance of software products. These features
> include strong type checking, separate compilation, user-defined data types,
> data encapsulation, data abstraction, generics, flexible scope rules, user-
> defined exception handling, and concurrency mechanisms.“*[1]

Die Sprache C++ hat zwar Ada 83 einige Konzepte objektorientierter Spra-
chen voraus, es fehlen aber generische Einheiten und Ausnahmebehandlung.
Zu parametrisierten Typen und Ausnahmen gibt es bisher nur Vorschläge
([Str89], [Str90]).

---

[1] Moderne Programmiersprachen liefern eine Vielzahl von Sprachkonstruktionen zur Unterstützung der Entwicklung und Wartung von Softwareprodukten. Die Sprachkonstruktionen umfassen strenge Typüberprüfungen, getrennte Übersetzung, benutzerdefinierte
Datentypen, Datenkapselung, Datenabstraktion, generische Konstruktionen, flexible Regeln für Gültigkeitsbereiche, benutzerdefinierte Ausnahmebehandlung und Mechanismen
zur Behandlung von Nebenläufigkeit.

Wie man an diesen Vorschlägen und Plänen sieht, ist die Entwicklung von
C++ wie die von Ada 9X noch nicht abgeschlossen. Allerdings ist derzeit
ein ANSI-Standard auf Basis von [ElSt90] in Vorbereitung, in dem auch die
Vorschläge zu parametrisierten Typen und Ausnahmen als Erweiterungs-
vorschläge aufgegriffen werden. Die Beschreibung in diesem Buch deckt
sich weitgehend mit der AT&T C++ Version 2.1.

Da hier die Sprachen Ada 9X und C++ nur sehr kurz vorgestellt werden
konnten, wird nicht versucht, eine eigene Bewertung der beiden Sprachen
vorzunehmen. Darüber hinaus ist auch die Definition von Ada 9X noch
nicht weit genug fortgeschritten, um fundierte Aussagen über diese Weiterentwicklung machen zu können. Statt dessen sollen einige Studien, die Ada
83 und C++ vergleichen, zitiert werden.

a) Implementierung der Booch Components

Die Booch Components sind eine kommerziell verfügbare Sammlung klei-
nerer, zum Teil aufeinander aufbauender Module zur Bereitstellung von
abstrakten Datentypen wie Kellern, Listen, Schlangen und ähnlichem und
Werkzeugen zum Beispiel zum Sortieren und Suchen. Solche Datentypen
und Werkzeuge werden dabei in verschiedenen Varianten zur Verfügung gestellt. Diese Module wurden zunächst in **Ada** implementiert. Der Autor
der Booch Components, Grady Booch, hat in [BoVi90] seine Erfahrungen
bei der Neuimplementierung in C++ zusammengefaßt. Bei dieser Anwendung von C++ ermöglichte das Konzept der Vererbung die Vermeidung
von Redundanz, die bei der Implementierung dieser Sammlung ähnlicher,
aber verschiedener Module in **Ada** notwendig war. Da in der verwendeten
Version von C++ keine parametrisierten Typen vorhanden sind, mußten
an Stelle der generischen Einheiten von **Ada** die Ersetzungsmöglichkeiten
eines eigens zu diesem Zeck entwickelten Vorübersetzers eingesetzt werden.

b) Eine Studie aus der Industrie

Eine Studie von Duncan u.a. ([DST91]) kommt zu dem Schluß, daß C++
geeignet ist für kleine und mittlere sequentielle Systeme, die schnell fertig-
gestellt werden müssen, deren Zuverlässigkeit aber nicht kritisch ist. **Ada**
ist für mittlere und große Systeme geeignet. Dies ist kein Widerspruch
zu den Erfahrungen von Booch. Die Booch Components gehören zu den
mittleren Systemen.

c) Bewertung der amerikanischen Luftwaffe

Die amerikanische Luftwaffe hat auf einer Pressekonferenz ([Mos91]) eine
Studie über die Einsetzbarkeit von C++ im Vergleich zu **Ada** vorgestellt.
Die Luftwaffe kommt zu dem Schluß, daß es keine zwingenden Gründe gibt,
die derzeit bestehende Forderung nach dem Einsatz von **Ada** zu Gunsten
von C++ zurückzunehmen. In dieser Studie wurden vier verschiedene Be-
urteilungen von verschiedenen Firmen verglichen, die alle trotz Auswahl
unterschiedlicher Bewertungskriterien zu dem Schluß kommen, daß **Ada**
zu bevorzugen ist. Hier seien einige der wichtigsten Gründe kurz angegeben:

- Ada-Übersetzer und Werkzeuge sind auf mehr Systemen verfügbar als
  solche für C++, die hauptsächlich unter UNIX und auf Personalcom-
  putern beziehungsweise Heimcomputern verbreitet sind. Es gibt mehr
  Schulungen für **Ada**.

- **Ada** schneidet bezüglich Mächtigkeit, Effizienz, Verfügbarkeit und Zuverlässigkeit, Wartbarkeit und Erweiterbarkeit besser ab als C++.

- Die Produktivität der Programmierer in den untersuchten Ada-Pro-
  jekten war höher als in den C++-Projekten, sowohl was die Anzahl
  der Quellzeilen je Mannmonat als auch die Entwicklungskosten pro
  Quellzeile in Dollar angeht. Die Anzahl der Fehler bei der Integration
  war in **Ada** niedriger. Bei Projekten vergleichbarer Größe ist nach
  dieser Studie ein Produktivitätsvorteil von 35% beim Einsatz von **Ada**
  an Stelle von C++ zu erwarten.

d) Wartbarkeit von C++-Programmen

Eine Studie von Wild [Wi90] vergleicht Software-Systeme in **Ada** und C++
bezüglich ihrer Wartbarkeit und gibt **Ada** den Vorzug. Die Probleme,
die Wild beim Einsatz von C++ sieht, beruhen zum Teil auf denselben
Schwächen, die auch **C** schon bei der Programmierung im Großen hat,
und die von C++ „geerbt" wurden. Nach Wild besteht bei C++ auch
eine Diskrepanz zwischen der Unterstützung der Wiederverwendbarkeit
mit Hilfe von Vererbung und der Veränderbarkeit zum Beispiel im Rahmen der Wartung. Wie auch das Beispiel von Booch belegt, unterstützt
das Klassenkonzept die Wiederverwendbarkeit zwar insbesondere durch die
Möglichkeit der dynamischen Bindung recht gut, aber bei Veränderungen
ist es schwer, die betroffenen Programmstellen zu lokalisieren. Durch die
Vererbung werden die Effekte von Änderungen nicht isoliert. Vererbung
erzeugt Abhängigkeiten zwischen den Elementfunktionen einer Klasse und

allen über- und untergeordneten Klassen. Es ist also schwer eine Klasse zu verstehen oder zu ändern, ohne die gesamte Hierarchie zu betrachten.

Die von Wild aufgezeigten Probleme mit C++ deuten möglicherweise aber weniger auf Schwächen von C++, als auf noch mangelnde Beherrschung des Entwurfs von Software-Systemen in objektorientierten Sprachen. Die Studie von Duncan und die Erfahrungen von Booch zeigen, daß die Einsetzbarkeit von C++ natürlich vom Anwendungsbereich abhängt. Ob Ada 9X bezüglich der objektorientierten Programmierung eine Alternative zu C++ darstellt, wird die Zukunft zeigen müssen.

9 Schlußbetrachtungen

Die Sprache **C** ist für kleine und mittlere Projekte mit nur einem Bearbeiter recht gut geeignet. Die Sprache ist in solchen Fällen in Anbetracht des geringen Preises der Übersetzer und der geringen benötigten Betriebsmittel kostengünstig. Bei großen Projekten ergeben sich jedoch sicherlich Probleme, da in **C** zwar recht sauber modular programmiert werden kann, dies aber besondere Anforderungen an die Disziplin der Programmierer stellt. N. Wirth hat in der Zeitschrift Computerwoche im November 1989 diese Anforderungen, die **C** an den Programmierer stellt, wie folgt zusammengefaßt:

> *„Der Vorteil einer echten höheren Programmiersprache, und dazu zähle ich C nicht, ist der, daß die Sprachregeln vom Compiler überprüft werden können ... C läßt strukturierte Programmierung zu, genau wie Assemblercode, aber es unterstützt sie nicht. Mehr Disziplin als selbst gute Programmierer aufbringen ist nötig, um Fehler zu vermeiden.“*

Man kann wohl sagen, daß der Entwurf von **C** mehr Wert auf schnelle Übersetzung als auf Fehlerentdeckung legte. Bei größeren Systemen kann es aber teuer werden, wenn die Programmierer an Stelle des Übersetzers Typfehler suchen müssen. Dies trifft insbesondere auf Änderungen zu, die nach Abschluß der Programmentwicklung während der Wartung vorgenommen werden sollen.

Die Freiheit von **C** zwingt zur Aufstellung eigener Regeln und Konventionen, wie zum Beispiel Disjunktheit der Namensräume für verschiedene Module oder konsequente Verwendung von **static** zur Einschränkung der Sichtbarkeit von Namen. Wie wir in Kapitel 4 gesehen haben, ist nur bei Einhaltung solcher Regeln die Definition und Implementierung abstrakter Datentypen in **C** möglich, ohne allerdings die Sicherheit gegen unberechtigte Benutzung des abstrakten Typs zu erreichen, die **Ada** bietet. Bei mehreren Programmierern dürfte die Einhaltung dieser Regeln nicht mehr gewährleistet sein, da sie nicht automatisch durch den Übersetzer geprüft werden können.

Die Popularität von C ist vermutlich zum Teil darauf zurückzuführen, daß
man kleine Programme „quick and dirty" in C programmieren kann. Hierbei hilft auch die im allgemeinen umfangreiche Bibliothek. Ganz so schnell
lassen sich Ada-Programme vielleicht nicht schreiben, sie sind aber auch
lesbarer, robuster und enthalten erfahrungsgemäß weniger Fehler als vergleichbare C-Programme. Es ist natürlich, daß mehr Sicherheit auch ir-
gendwo ihren Preis hat. Der liegt bei **Ada** (noch) in der Übersetzungszeit
(siehe Kapitel 7).

Die in **Ada** gesetzten Hoffnungen werden durch erste Erfahrungen mit dem
Einsatz dieser Sprache bestätigt. So berichteten auf der Ada-Europe Konfe-
renz 1990 in Dublin Ada-Anwender über ihren Einsatz von **Ada**. In [Do90]
stellt H. Doscher direkt die Erfahrungen mit **Ada** und **C**, die in zwei etwa
gleich umfangreichen Projekten bei der Radio-Telephone Systems Group
von Motorola gewonnen wurden, einander gegenüber. Doscher stellt fest,
daß der Einsatz von **Ada** zu erheblichen Verbesserungen der Produktivität
der Programmierer und der Qualität der Produkte geführt hat, was er
insbesondere auf die Erzwingung der Einhaltung von Prinzipien der Softwaretechnik durch **Ada** zurückführt.

Literaturverzeichnis

[Ada83]   American National Standards Institute,The Programming Language Ada, Reference Manual, ANSI/MIL-STD-1815-A-1983, Lecture Notes in Computer Science, 155, Springer-Verlag, 1983

[Ada9X]   DRAFT Ada 9X Mapping Document, Ada 9X Project Report, Office of the Under Secretary of Defense for Acquisition, Washington, August 1991

[Bar84]   Barnes, J. G. P., Programmieren in Ada, Carl Hanser Verlag, 2. Aufl., 1984

[Bar89]   Barnes, J. G. P., Programming in Ada, Addison-Wesley, 3. Aufl., 1989

[BH90]   Byrne, D. J. und R. C. Ham, Ada Versus FORTRAN Performance Analysis Using the ACPS, ACM Ada Letters, 10 (3), 1990, S. 139-145

[Boo86]   Booch, G., Object-Oriented Development, IEEE Transactions on Software Engineering, SE-12 (2), 1986, S. 211-221

[BoVi90]   Booch, G. und M. Vilot, The Design of the C++ Booch Components, ECOOP/OOPSLA'90, Sigplan Notices, 25 (10), 1990, S. 1-11

[BPTW91]   Bhansali, P. V., B. K. Pflug, J. A. Taylor und J. D. Woolley, Ada Technology: Current Status and Cost Impact, Proceedings of the IEEE, 79 (1), 1991, S. 22-29

[CaWE85]   Cardelli, L. und P. Wegner, On Understandig Types, Data Abstraction, and Polymorphism, ACM Computing Surveys, 17 (4), 1985, S. 471-522

[CIFO]   CIFO, Catalogue of Interface Features and Options for the Ada Run Time Environment, Release 2.0, Ada Run Time Environment Working Group (ARTEWG) der Special Interest Group for Ada (SIGAda) des ACM, 1987

[CW76]   Curnow, H. J. und B. A. Wichman, A synthetic benchmark, Comput. J., 19 (1), 1976, S. 43-49

[DaMa88]   Darnell, P. A. und P. E. Margolis, Software Engineering in C, Springer-Verlag, 1988

[De90]   Dencker, P., Debugging von optimiertem Ada Code, in: W. Zorn, Universität Karlsruhe (Hrsg.), Tool 90, 1. Internationale Fachmesse und Kongreß für Software- und Datenbank-Management

[DeSm90] Dewar, R. B. K. und M. Smosna, Microprocessors - A Programmer's View, McGraw-Hill, 1990, S. 21-22

[Do90] Doscher, H., An Ada Case Study in Cellular Telephony Testing Tools, Proceedings of the Ada-Europe International Conference, Dublin 1990, Cambridge University Press, 1990, S. 24-35

[DST91] Duncan, B., J. Savage (Napier Polytechnic of Edinburgh, Centre for Advanced Software Design) und S. Talbot (Yard Technology Group Sema U.K.), Comparative Study of Ada and C++, Juni 1990

[ElSt90] Ellis, M. A. und B. Stroustrup, The Annotated C++ Reference Manual, Addison-Wesley, 1990

[Fa85] Fairley, R., Software Engineering Concepts, McGraw-Hill, 1985, S. 228

[GeRo89] Gehani, N. und W. D. Roome, Concurrent C, Silicon Press, 1989

[GMR89] Galorath, D. D., K. McRitchie und J. C. Rampton, Ada Sizing, Metrics and Measures – Learning From The Past And Forecasting The Future, Ada User, 10, Supplement for Ada UK 8th Int. Conference, September 1989, University of York, 1989, S. 25-29

[Goo81] Goodenough, J. B., The Ada Compiler Validation Capability, COMPUTER, 14 (6), 1981, S. 57-64

[HaSt90] Hartwig, M. und E. Stein, Programmieren mit Ada, Verlag Technik, Berlin, 1990

[Hi91] Hill, A. D., The choice of programming language for highly reliable software – a comparison of C and Ada (Part 1), Ada User, 12 (1), Chapman & Hall, 1991, S. 11-31

[Hi91b] Hill, A. D., The choice of programming language for highly reliable software – a comparison of C and Ada (Part 2), Ada User, 12 (2), Chapman & Hall, 1991, S. 92-103

[Ia90] Iannello, G., Programming Abstract Data Types, Iterators and Generic Modules in C, Software – Practice and Experience, 20 (3), 1990, S. 243-260

[Ja88] Jäger, D., Echtzeitentwicklung unter Unix – Modula-2 statt C, Unix Magazin, März 88, Markt & Technik Verlag, 1988, S. 108-111

[Kn73] Knuth, D. E.,The Art of Computer Programming – Sorting and Searching, Volume III, Addison-Wesley, 1973

[Ko89]   Koenig, A., C Traps and Pitfalls, Addison-Wesley, 1989

[KR78]   Kernighan, B. W. und D. M. Ritchie. The C Programming
              Language, Prentice Hall, 1978

[KR78b]   Kernighan, B. W. und D. M. Ritchie. Programmieren in
              C, Carl Hanser Verlag, 1983

[KR88]   Kernighan, B. W. und D. M. Ritchie. The C Programming
              Language, Prentice Hall, 2. Aufl. , 1988

[Me87]   Meyer, B., Reusability: The Case for Object-Oriented De-
              sign, IEEE Software, 4 (2), 1987, S. 50-64

[MFS90]   Miller, B. P., L. Fredriksen und B. So, An Empirical Study
              of the Reliability of Unix Utilities, Communications of the
              ACM, 33 (12), 1990, S. 32-43

[Mos91]   Moseman, L. K., Ada and C++: A Business Case Ana-
              lysis, Pre-Delivery Draft, June 30, 1991, Press Conference
              Remarks, U. S. Air Force

[Na91]   Nagl, M., Ada – Eine Einführung in die Programmierspra-
              che der Softwaretechnik, Vieweg, 3. Aufl., 1991

[PIWG90]   Ada Performance Issues, Special Issue of ACM Ada Letters,
              10 (3), 1990, ACM Order Number: 825900

[RiHa87]   Rizk, A. und F. Halsall, Design and Implementation of a
              C-based Language for Distributed Real-time Systems, SIG-
              PLAN Notices, 22 (6), 1987, S. 83-100

[Roll89]   Rolls, C., Software Engineering at ESA, Ada User, 10 (4),
              1989, S. 186

[Ross86]   Ross, G., Integral C – A Practical Environment for C
              Programming, ACM SIGSOFT/SIGPLAN Software Engi-
              neering Symposium on Practical Software Engineering En-
              vironments, 1986, SIGPLAN Notices, 22 (1), 1987, S. 41-48

[Sch92]   Schmidt, D., Programmieren mit Ada, Bd. 1: Ada für
              Einsteiger, Springer-Verlag, 1992

[Spa89]   Spafford, E. H., Crisis and Aftermath, Communications of
              the ACM, 32 (6), 1989, S. 682

[Str86]   Stroustrup, B., The C++ Programming Language,
              Addison-Wesley, 1986

[Str87]   Stroustrup, B., What is "Object-Oriented Programming"?,
              Proceedings of the European Conference on Object-
              Orientend Programming, Paris 1987, Lecture Notes in
              Computer Science, 276, Springer-Verlag, S. 51-70

[Str89]   Stroustrup, B., Parameterized Types for C++, Journal of
              Object-Oriented Programming, Jan/Feb 1989 und USE-
              NIX Proceedings of the 1988 C++ Conference

[Str90]	Stroustrup, B., Exception Handling for C++, USENIX Proceedings of the 1990 C++ Conference, April 1990
[Str91]	Stroustrup, B., Die C++ Programmiersprache, Addison-Wesley, 2. Aufl., 1991
[SunOS]	SunOS 4.0 Reference Manual, Library Functions, Sun Microsystems Europe
[VTPF88]	Vetterling, W. T., S. A. Teukolsky, W. H. Press und B. P. Flannery, Numerical Recipes – Example Book (C), Cambridge University Press, 1988
[Wei88]	Weicker, R. P., Dhrystone Benchmark: Rational for Version 2 and Measurement Rules, SIGPLAN Notices 23 (8), 1988, S. 49-62
[Wei90]	Weicker, R. P., An Overview of Common Benchmarks, IEEE Computer, 23 (12), 1990, S. 65-75
[Wi90]	Wild III, F. H., A Comparison of Experiences with the Maintenance of Object-Oriented Systems: Ada vs. C++, TRI-Ada Konferenz 90, Baltimore 1990, ACM, S. 66-73
[Win90]	Winkler, J. F. H., A Definition of Lines of Code for Ada, ACM Ada Letters, 10 (2), 1990, S. 89-94

Anhang

A Laufzeiten der Bewertungsprogramme

Die C-Programme wurden auf dem Sony mit `cc -DHZ=60 -O [-lm]` und auf der Sun mit `cc -DHZ=60 -f68881 -O4 [-lm]` übersetzt. Die Ada-Programme wurden mit `sas compile -S` übersetzt und mit `sas link -d` gebunden. Die Güte des Whetstone wird in „Kilo Whetstones per second" (KWIPS) bewertet.

Test	Einheit	Sony cc -O	(25MHz) sas -S -d	Sun3/60 cc -O4	(20MHz) sas -S -d
Dhrystone 2.1	ms	0.122	0.105	0.200	0.202
Whetstone	KWIPS	1739	1645	517	951
Hennessy					
Perm	s	0.33	0.30	0.51	0.52
Towers	s	0.46	0.44	0.76	0.82
Queens	s	0.23	0.30	0.21	0.44
Intmm	s	0.45	0.29	0.31	0.40
Mm	s	0.85	0.49	0.91	0.84
Puzzle	s	2.65	1.20	1.40	1.68
Quick	s	0.31	0.22	0.21	0.30
Bubble	s	0.56	0.37	0.30	0.52
Tree	s	0.45	0.24	0.90	0.38
FFT	s	1.33	1.00	1.81	1.76
Ack	s	4.43	6.90	6.36	11.70

B1 Hash-Tabelle in Ada

```
-- Ada-Beispiel:
-- Usage: hashtest <file1> ... <filen>
--    Reads all files. The files should contain identifiers
--    which are separated by new line or blank.
--    The identifiers are inserted in a hash table and this
--    table is printed at the end of the program.
--    Identifiers should be no longer than 256 characters.
--    Note: Every string containing
--          'a' .. 'z' | 'A' .. 'Z' | '0' .. '9' | '_'
--          only is treated as an identifier.

procedure HASHTEST;


-- Ada-Beispiel:
package SCAN is
-- The subprograms of the package SCAN allow to read the
-- identifiers in a given file one by one.
-- The subprograms should be called in the following order
-- for a single file:
-- o OPEN,
-- o MORE_WORDS and NEXT_WORD in a loop until MORE_WORDS
--    returns FALSE,
-- o CLOSE.
   procedure OPEN (FILE_NAME : in STRING);
   procedure CLOSE;
   function  MORE_WORDS return BOOLEAN;
   function  NEXT_WORD return STRING;
   OPENING_ERROR : exception;
end SCAN;


-- Ada-Beispiel:
package HASH_TABLE is
   type SLOT is private;
```

```ada
   NULL_SLOT : constant SLOT;

   procedure RESET;
-- re-initializes the hash_table

   procedure INSERT (TEXT      : in STRING;
                     THE_SLOT  : out SLOT;
                     DUPLICATE : out BOOLEAN);
-- Searches for the string 'text' in the hash_table.
-- Inserts the string if it is not found.
-- Insert returns the newly created or found slot.
-- Duplicate is true if the text is already there;
-- in which case it is not inserted.

   function  MEMBER (TEXT : in STRING) return SLOT;
-- Searches for the string 'text' in the hash_table
-- and returns the found slot or the null_slot.

   function  VALUE_OF (THE_SLOT : in SLOT) return STRING;
   pragma INLINE (VALUE_OF);
-- Returns the string stored in the table for the slot.

   procedure PRINT;
-- Prints the entire hash_table.
private
   type SLOT_NAME;
   type SLOT is access SLOT_NAME;
   NULL_SLOT : constant SLOT := null;
end HASH_TABLE;


-- Ada-Beispiel:
with TEXT_IO; use TEXT_IO;
package body SCAN is
   INFILE      : FILE_TYPE;
   LINE        : STRING (1 .. 256);
   LINE_LAST   : INTEGER;
   CURRENT     : INTEGER;

   type CHARACTER_TABLE is array (CHARACTER) of BOOLEAN;
```

```ada
ALPHABETICAL : constant CHARACTER_TABLE :=
   CHARACTER_TABLE'
      ('a' .. 'z' | 'A' .. 'Z' | '0' .. '9' | '_' => TRUE,
       others => FALSE);

procedure OPEN (FILE_NAME : in STRING) is
begin
   TEXT_IO.OPEN (FILE => INFILE,
                 MODE => IN_FILE,
                 NAME => INPUT_FILE);
   LINE_LAST := 0;
   CURRENT := 1;
exception
   when others =>
      raise OPENING_ERROR;
end OPEN;

procedure CLOSE is
begin
   CLOSE (FILE => INFILE);
end CLOSE;

function  MORE_WORDS return BOOLEAN is
begin
LINES :
   loop
      while CURRENT <= LINE_LAST loop
         exit LINES when ALPHABETICAL (LINE (CURRENT));
         CURRENT := CURRENT + 1;
      end loop;
      if END_OF_FILE (INFILE) then
         exit LINES;
      end if;
      GET_LINE (FILE => INFILE, ITEM => LINE,
                LAST => LINE_LAST);
      CURRENT := 1;
   end loop LINES;
   return CURRENT <= LINE_LAST;
end MORE_WORDS;

function  NEXT_WORD return STRING is
```

```
               FIRST : INTEGER := CURRENT;
               LAST  : INTEGER := FIRST;
         begin
            while LAST < LINE_LAST loop
               exit when not ALPHABETICAL (LINE (LAST + 1));
               LAST := LAST + 1;
            end loop;
            CURRENT := LAST + 1;
            return LINE (FIRST .. LAST);
         end NEXT_WORD;
end SCAN;


-- Ada-Beispiel:
with TEXT_IO; use TEXT_IO;
package body HASH_TABLE is
   TABLE_SIZE    : constant := 1327;
   HASH_TABLE    : array (1 .. TABLE_SIZE) of SLOT;
   NR_OF_ENTRIES : NATURAL := 0;

   type STRING_POINTER is access STRING;

   type SLOT_NAME is
      record
         DYNAMIC_LENGTH_TEXT : STRING_POINTER;
         -- pointer to the next slot:
         NEXT                : SLOT;
      end record;

   function  HASHING (TEXT : in STRING) return INTEGER is
      SUM : INTEGER := 0;
   begin
      for I in TEXT'RANGE loop
         SUM := SUM + CHARACTER'POS (TEXT (I));
      end loop;
      return (SUM mod TABLE_SIZE) + 1;
   end HASHING;
   pragma INLINE (HASHING);

   procedure RESET is
   begin
```

```ada
      HASH_TABLE := (others => null);
   end RESET;

   procedure INSERT (TEXT      : in STRING;
                     THE_SLOT   : out SLOT;
                     DUPLICATE : out BOOLEAN) is
      HASH        : INTEGER;
      PREDECESSOR,
      SLOT_POINTER : SLOT;
   begin
      HASH := HASHING (TEXT);
      SLOT_POINTER := HASH_TABLE (HASH);
      PREDECESSOR := NULL_SLOT;
      while SLOT_POINTER /= NULL_SLOT and then
         SLOT_POINTER.DYNAMIC_LENGTH_TEXT.all < TEXT
      loop
         PREDECESSOR := SLOT_POINTER;
         SLOT_POINTER := SLOT_POINTER.NEXT;
      end loop;
      if SLOT_POINTER /= NULL_SLOT and then
         SLOT_POINTER.DYNAMIC_LENGTH_TEXT.all = TEXT
      then
         DUPLICATE := TRUE;
      else
         DUPLICATE := FALSE;
         NR_OF_ENTRIES := NR_OF_ENTRIES + 1;
         SLOT_POINTER :=
            new SLOT_NAME'
                (DYNAMIC_LENGTH_TEXT => new STRING'(TEXT),
                 NEXT => SLOT_POINTER);
         if PREDECESSOR = NULL_SLOT then
            HASH_TABLE (HASH) := SLOT_POINTER;
         else
            PREDECESSOR.NEXT := SLOT_POINTER;
         end if;
      end if;
      THE_SLOT := SLOT_POINTER;
   end INSERT;

   function  MEMBER (TEXT : in STRING) return SLOT is
      HASH            : INTEGER;
```

```ada
      SLOT_POINTER : SLOT;
   begin
      HASH := HASHING (TEXT);
      SLOT_POINTER := HASH_TABLE (HASH);
      while SLOT_POINTER /= NULL_SLOT loop
         if SLOT_POINTER.DYNAMIC_LENGTH_TEXT.all = TEXT then
            return SLOT_POINTER;
         end if;
         SLOT_POINTER := SLOT_POINTER.NEXT;
      end loop;
      return NULL_SLOT;
   end MEMBER;

   function  VALUE_OF (THE_SLOT : in SLOT) return STRING is
   begin
      return THE_SLOT.DYNAMIC_LENGTH_TEXT.all;
   end VALUE_OF;

   procedure PRINT is
      SLOT_POINTER : SLOT;
   begin
      PUT_LINE
         ("number of entries:" &
            NATURAL'IMAGE (NR_OF_ENTRIES));
      for I in HASH_TABLE'RANGE loop
         SLOT_POINTER := HASH_TABLE (I);
         PUT ("entries of index [" &
            INTEGER'IMAGE (I) & "]: ");
         while SLOT_POINTER /= NULL_SLOT loop
            PUT (SLOT_POINTER.DYNAMIC_LENGTH_TEXT.all & " ");
            SLOT_POINTER := SLOT_POINTER.NEXT;
         end loop;
         NEW_LINE;
      end loop;
   end PRINT;
end HASH_TABLE;


-- Ada-Beispiel:
with TEXT_IO; use TEXT_IO;
with TEXT_IO_EXTENSION;
```

```
with COMMAND_ARGUMENTS;
with HASH_TABLE;
with SCAN;
procedure HASHTEST is
begin
   if COMMAND_ARGUMENTS.ARGC < 2 then
      -- hashtest needs at least one argument
      PUT_LINE (TEXT_IO_EXTENSION.STANDARD_ERROR,
                "Usage: hashtest <file1> ... <filen>");
      return;
   end if;
   for ARGINDEX in 1 .. COMMAND_ARGUMENTS.ARGC - 1 loop
      declare
         INPUT_FILE     : constant STRING :=
            COMMAND_ARGUMENTS.ARGV (ARGINDEX)
               (1 .. COMMAND_ARGUMENTS.ARGL (ARGINDEX));
         ALREADY_THERE : BOOLEAN;
         NEW_SLOT       : HASH_TABLE.SLOT;
      begin
         SCAN.OPEN (FILE_NAME => INPUT_FILE);
         PUT_LINE (">>> Reading file " & INPUT_FILE);
         while SCAN.MORE_WORDS loop
            HASH_TABLE.INSERT (TEXT => SCAN.NEXT_WORD,
                               THE_SLOT => NEW_SLOT,
                               DUPLICATE => ALREADY_THERE);
            if ALREADY_THERE then
               PUT_LINE
                  ("- " & HASH_TABLE.VALUE_OF (NEW_SLOT) &
                   " not inserted");
            else
               PUT_LINE
                  ("+ inserting " &
                   HASH_TABLE.VALUE_OF (NEW_SLOT));
            end if;
         end loop;
         PUT_LINE ("--- finished reading file " &
                   INPUT_FILE);
         SCAN.CLOSE;
      exception
         when SCAN.OPENING_ERROR =>
            PUT_LINE (TEXT_IO_EXTENSION.STANDARD_ERROR,
```

```
                        "Can't open file " & INPUT_FILE &
                        " for reading");
        end;
    end loop;
    HASH_TABLE.PRINT;
end HASHTEST;
```

B2 Hash-Tabelle in C

```c
/* C-Beispiel: mainht.c */
#include "ht.h"        /* user defined include file */
#include <stdio.h>     /* include files of C library */
#include <string.h>
#define MAXLENG 256

main (argc, argv)
int argc ;
char *argv[] ;
/* Usage: hashtest <file1> ... <filen>
   Reads all files. The files should contain identifiers
   which are separated by new line '\n', blank ' ' or
   tab '\t'. Identifiers should be no longer than
   256 characters. The identifiers are inserted in a hash
   table and the table is printed at the end of the program.
   Note: Every string not containing '\n', ' ', '\t' is
         treated as an identifier.
*/
{
    SLOTPTR slotp ;
    char *fname ;               /* Name of input file */
    char *idname ;              /* Name of the inserted
                                   identifier */
    char name [MAXLENG+2];      /* Buffer for the read name */
    int scanr ;                 /* Return value of function
                                   scanf */
    int strlength ;
    FILE *f;                    /* Pointer to the open file */
    extern char *malloc();

    if (argc < 2) {
        fprintf (stderr,
                "Usage: hashtest <file1> ... <filen>\n") ;
        exit (1) ;
```

```c
    }
    while (argc > 1 ) {
        fname = (char *) malloc ((unsigned)strlen(argv[1])
                                + 1) ;
        strcpy (fname, argv[1]) ;
        f = fopen (fname, "r") ;
        if (f == NULL)
            fprintf(stderr,
                    "Can't open file '%s' for reading\n",
                    fname) ;
        else {
            printf (">>> Reading file '%s'\n", fname) ;
            /*read a string with maximal length MAXLENG:*/
            while ((scanr = fscanf (f, "%257s", name)) != EOF) {
                if (scanr == 0) /*no match and assigned input
                                    item*/
                    continue ;
                strlength = strlen(name) ;
                /* strlen returns number of characters */
                if (strlength > MAXLENG)
                    fprintf (stderr,
                            "WARNING: split long string");
                idname = (char *) malloc ((unsigned)strlength
                                        + 1) ;
                strcpy (idname, name) ;
                if (ht_insert (idname, slotp) == TRUE) {
                    printf ("+ inserting %s\n", idname) ;
                }
                else
                    printf ("- %s not inserted\n", name) ;
            } /*while*/
            printf ("--- finished reading file '%s'\n", fname) ;
            fclose (f) ;
        } /*if*/
        argc-- ;
        argv++ ;
    } /*while*/
    ht_print (stdout) ;
} /*main*/
```

```
/* C-Beispiel: ht.h */
#ifndef HT
#define HT
/*no multiple include of ht.h*/

#define FALSE 0
#define TRUE 1

/* exported type: */
typedef struct slot {
 char *id ;                      /* identifier */
 struct slot *nextslot ;   /* pointer to the next slot */
} SLOT ;
typedef struct slot *SLOTPTR;

/* exported function: */
extern void ht_reset ();
/* Re-initializes the hash_table.
*/

extern int ht_insert (/* char *str; SLOTPTR slotptr */) ;
/* Searches for the identifier 'str' in the hash_table.
   Inserts the identifier if it is not found.
   ht_insert returns a pointer to the newly created or
   found slot in slotptr and returns TRUE if it is newly
   inserted and FALSE if it is already a member.
*/

extern SLOTPTR ht_member (/* char *str; */);
/* Searches for the identifier 'str' in the hash_table
   and returns a pointer to the found slot or a NULL pointer.
*/

extern void ht_print (/* FILE *fptr; */) ;
/* Prints the entire hash_table.
*/
#endif


/* C-Beispiel: ht.c */
#include "ht.h"
```

```c
#include <stdio.h>
#include <string.h>

#define HTSIZE 1327 /* Size of the hash_table */

static SLOTPTR htable[HTSIZE] ; /* hash_table */
/* Global variables are initialized with null.
   The hash tabpe has to be cleared if it is used
   before only. */
static int htentries = 0 ;    /* current number of entries
                                  in the hash_table */

static int hashfunc (str)
char *str ;
/* local hash function */
{
   int i ;
   int sum = 0;

   for (i=0; i<strlen(str); i++)
     sum += str[i] ;
   return (sum % HTSIZE);
} /* hashfunc*/

void ht_reset ()
{
   int i ;
   for (i=0; i<HTSIZE; i++)
      htable[i] = NULL;
} /*ht_reset*/

int ht_insert (str, slotptr)
char *str ;
SLOTPTR slotptr ;
{
   int hval, inserted ;
   SLOTPTR pred = NULL, ptr = NULL, slotp = NULL;

   hval = hashfunc (str);
   ptr = htable[hval] ;
   pred = NULL ;
```

```c
   while (ptr != NULL && strcmp (ptr->id, str) < 0) {
     pred = ptr ;
     ptr = ptr->nextslot ;
   } /*while*/
   if (ptr != NULL && strcmp (ptr->id, str) == 0)
     inserted = FALSE ;
   else {
     inserted = TRUE ;
     htentries++ ;
     slotp = (SLOTPTR) malloc(sizeof(SLOT)) ;
     slotp->id = str ;
     slotp->nextslot = ptr ;
     if (pred == NULL)
        htable[hval] = slotp ;
     else
        pred->nextslot = slotp ;
   } /*if*/
   slotptr = slotp ;
   return (inserted) ;
} /*ht_insert*/

SLOTPTR ht_member (str)
char *str ;
{
   int hval ;
   SLOTPTR slotptr ;

   hval = hashfunc (str) ;
   slotptr = htable[hval] ;
   while (slotptr != NULL) {
      if (strcmp (slotptr->id, str) == 0)
         return (slotptr) ;
      slotptr = slotptr->nextslot ;
   } /*while*/
   return (NULL) ;
} /*ht_member*/

void ht_print (fptr)
FILE *fptr ;
{
   int i ;
```

```c
    SLOTPTR slotp ;

    fprintf (fptr, "Number of entries:%d\n", htentries);
    for (i=0; i<HTSIZE; i++) {
        slotp = htable[i] ;
        fprintf (fptr, "entries of index [%d]: ", i) ;
        while (slotp != NULL) {
            fprintf (fptr, "%s ", slotp->id) ;
            slotp = slotp->nextslot ;
        } /*while*/
        fprintf ( fptr, "\n");
    } /*for*/
} /*ht_print*/
```

Sachwortverzeichnis

ADA

Eine Einführung in *die* Programmiersprache der Softwaretechnik

von Manfred Nagl

3., verbesserte Auflage 1991. X, 341 Seiten. Kartoniert.
ISBN 3-528-23347-8

Die vorliegende dritte, verbesserte Auflage der bewährten Einführung in die Programmiersprache Ada unterstreicht wieder einmal mehr den Zusammenhang mit der Softwaretechnik. Insbesondere wird solchen Sprachkonstrukten hohe Aufmerksamkeit geschenkt, die für das „Programmieren im Großen" entscheidend sind. Das Ziel dieser ist es, die Wartung von Software zu vereinfachen, aber auch Verbesserungsmöglichkeiten auszuschöpfen, was Qualitätssicherung, Projektmanagement und Dokumentation anbelangt.

Das Buch läßt sich sowohl als verständliche Einführung wie auch als profundes Nachschlagewerk nutzen. Der Aufbau trägt dieser doppelten Zielstellung Rechnung. So geht es in den einzelnen Kapiteln um die folgenden Themen: Ada und Softwaretechnik – Grundbegriffe der Sprache – Objekte für das Programmieren im Kleinen – Datenstrukturierung detailliert – Programmierung im Großen – Nebenläufige Programmsysteme.

Ein Kapitel über die Ein-/Ausgabe und Basismaschinenabhängigkeit sowie ausführliche Anhänge mit Nachschlagemöglichkeiten runden das Werk ab.

Für jeden, der mit Ada professionell, das heißt dem Verwendungszweck dieser Programmiersprache angemessen programmieren können will, ist das Buch eine unverzichtbare Hilfe.

Verlag Vieweg · Postfach 58 29 · D-6200 Wiesbaden